知的生きかた文庫

1行でできる英会話

石原真弓

三笠書房

できる人ほど「シンプルに話す」

◆ 別人のように英語が通じる瞬間 ◆

　人生で大事なことは全部、「1行」で言えます。

　日本語でも、英語でも、それは同じでしょう。私たちは、英語ができる人ほど、難しい単語を使っていると思いがちですが、実際はその逆。**できる人ほど、「簡単な単語」を使っている**のです。

　また、英語ができない人ほど、日本語を直訳します。日本語をそのまま置き換えるので、おかしな英語になることが珍しくありません。じつは、日本語を英語にする「シンプルな法則」があるのです。

　仕事の場で、プライベートの場で、さらには、人生の大一番で……この「簡単な単語」と「シンプルな法則」を知っているだけで、まるで**別人のように英語が通じる瞬間**があります。

　この本は、そのような**「大事なことを英語で1行で言うためのツボ」**をふんだんに紹介したものです。

かく言う私も、以前は、難しい単語を使ったり、言いたいことを一字一句、英語に訳そうとしていたうちの1人でした。

アメリカに留学したころ、「彼に妥協しました」と言うシーンがありました。「妥協＝compromise（カンプロマイズ）」がとっさに思い浮かばなかった私が、あれこれ説明すると、相手が Oh, you met him halfway.（あぁ、彼に妥協したわけね）と、私の言いたいことを理解してくれたのです。そのとき私は、「meet ～ halfway」という**「簡単な単語」**で、**「～に妥協する」と言えることに、かなり感動**しました。

また、プレゼントを渡すとき、This is not a good thing but …（大したものではありませんが）と言ったら、Thank you. とお礼を言われながらも、不思議そうな顔をされたことがあります。アメリカでは、このような場合、I hope you like it.（気に入ってもらえると嬉しいです）と**「プラス発想」で表現するのが一般的**です。

中には、I'm sure you'll like it.（コレ、絶対に気に入ると思うよ）と言う人もいるくらいです。日本で美

徳とされる謙遜は、英語圏では通用しないことを知らされたワンシーンでした。

日本語を直訳すると誤解される例はたくさんあります。

たとえば、「お疲れ様です」もその1つ。You are tired.（あなたは疲れています）と直訳しても、相手からは No, I'm not tired.（ううん、疲れてないよ）と返されるだけ。欧米には、日頃あいさつ代わりに使う「お疲れ様」にあたるフレーズがないので、このようなときは単に See you. や Bye. でいいのです。

欧米の日常生活で使われる英語は、じつは簡単なものばかり。「**あなたの言いたいこと**」は、**意外にもすでに知っている英語で十分に表現できるのです。**

本書では、「簡単ですぐ使えるフレーズ」ばかりを紹介してあります。日本語と英語の発想の違い、日本と欧米の文化の違いなども楽しみながら、毎日の生活に役立てていただければ幸いです。

最後に、本書の英文チェックで、Itiyopiya Ewart さんに大変お世話になりました。この場をお借りして、お礼申し上げます。

石原真弓

もくじ

はじめに——できる人ほど「シンプルに話す」 3

1行で話してみよう！——本書のカナ発音表記について 10

1章 自分をうまくアピールする「1行」

私、朝型なんです 14
コンビニ寄っていい？ 16
空気が読めないヤツだ 18
へこむなぁ 20
社会の窓、開いてるよ 22
俺、バツイチなんだ 24
親バカですみません 26
うわさをすれば影だ！ 28
ちょっとトイレ 30
目が点になった 32
彼、頭がおかしいよ 34
最近、太っちゃって 36
塩分、控えなきゃ 38
ゴミを分別してください 40
痴漢に間違われたんだ 42
ちょっとつめて 44
（トイレをノックされて）入っています 46
超うれしー！ 48
勝手にすれば！ 50
気をつけ！ 52
年金だけで暮らしていけるかな 54
じつは、精神科に通っているんです 56

2章 仕事がうまくいく「1行」

コピー、10枚とってくれ 60
ここだけの話だけど 62
納期に間に合う? 64
請求書を発行してください 66
プレゼン、超、緊張した 68
君の決断に任せるよ 70
自業自得だよ 72
責任者を出せ! 74
あなたには関係ないでしょ! 76
名刺を頂戴できますか? 78
その話、乗った! 80
私ならやめるね 82
あいつとは相性が悪くて 84
任せてください! 86
気が重いよ 88
何時出勤? 90
あの派遣社員は使える! 92
営業部長とはどうもウマが合わない 94
人事異動したい 96
彼、リストラされたんだ 98
来月から産休に入ります 100
明日は就職面接なんだ 102
ついてる! 104

3章 人間関係がラクになる「1行」

がんばって 108

付き合っている人いる？ 110
血液型、何型？ 112
気持ちはわかるよ 114
お願いがあるんだけど 116
そろそろ本題に入ろう 118
ちゃんと聞いてるよ 120
これからはもっと気をつけます 122
いいなあ 124
楽しかったよ 126
ごめん、電話に出られなかった 128
絵文字なんか使うなよ〜 130
昇格おめでとう 132
髪切った？ 134
これから、どこ行く？ 136
あいつ、服のセンスがいいよな 138
風邪ひいた？ 140
花粉症かな？ 142
コンタクトしてる？ 144
お疲れのようですね 146

4章 プライベートが楽しくなる「1行」

とりあえずビールを5つ 150
今週の金曜日、空いてる？ 152
何か飲む？ 154
合コンしようぜ 156
ヤマモトさんの送別会やろうよ 158
お待たせ〜 160
何時、閉店ですか？ 162
よぉ、久しぶり！ 164

今日はおごるよ *166*
10人だけど入れますか？ *168*
メニュー取って *170*
車だから飲めないんだ *172*
これ、マジでおいしい！ *174*
お酒、強いねー *176*
風水に凝ってるの *178*
携帯小説、読んだことある？ *180*
いま、何時ですか？ *182*
お勘定！ *184*
一人いくら？ *186*
タクシー拾おうよ *188*
ものすごい雨だ *190*

5章 気がきく人になる「1行」

お先にどうぞ *194*
つまらないものですが… *196*
行ってきまーす *198*
いただきます *200*
お先に失礼します *202*
よろしくお願いします *204*
いろいろお世話になりました *206*
（お礼の返事として）いえいえ *208*
3人寄れば文殊の知恵 *210*
足もとに気をつけて *212*
お目にかかれるのを楽しみにしております *214*
ご主人はいらっしゃるの？ *216*
4人家族です *218*
左利きなの *220*

1行で話してみよう！
——本書のカナ発音表記について

　本書の見出しの「1行フレーズ」には、それぞれの発音をカナで表記しました。

　本書では、英和辞典などでよくある「発音記号」を使わず、あえてカナ表記にしてあります。その理由は、「発音記号そのものが読めない」という人が少なくないからです。

　カナの羅列はくどいように見えるかもしれませんが、英語の発音にできるだけ近い音になるよう、書いてあります。

　また、見出しの「1行フレーズ」以外でも、発音が難しいと思われる単語は、解説内でその発音に触れています。以下のルールに従って、発音してください。

■[th]はひらがな表記

基本的に、すべてカタカナ表記になっていますが、[th]の音のみ、ひらがなになっています。たとえば、the は［ざ］、Thank you. は［せンキュー］という具合です。舌を上下の歯の間に軽く挟んで発音します。

■のばす音は、[〜]または[ー]

car や eatなどには「のばす音」が含まれています。car のように［r］を使ったのばす音は、［カ〜］と

［～］で表記してあります。口の中で舌を丸めて［～］の音を出しましょう。eat のように［r］を含まないものは、［イート］と［－］で表記してあります。これは、普通に音をのばすだけでOKです。

■ラ行の発音

英語の［l］と［r］は、後に母音が続くとラ行の音になります。本書では、［l］の場合は、［ラ・リ・ル・レ・ロ］と表記してあります。上の歯の裏側付け根あたりに舌先をつけて発音します。［r］の場合は、［ゥラ・ゥリ・ゥル・ゥレ・ゥロ］と表記してあります。唇を突き出し、軽く［ゥ］と言った直後にラ行を言う感じで発音します。たとえば、lay は［レイ］、ray は［ゥレイ］となります。

■［ォ］の発音になる［l］

golf（ゴルフ）や ball（ボール、球）などの［l］の音は、［ル］ではなく、［ォ］と表記してあります。［ォ］のほうが英語の音に近いからです。golf は［ゴフ］、ball は［ボーォ］という感じです。上の歯の裏側付け根あたりに舌先をつけて［ォ］と言いましょう。

■太字について

太字になっているところは、強く発音します。英語は抑揚のある言語です。単調に読むと通じにくいので、強弱をつけて話すようにしましょう。

1章
自分をうまく アピールする「1行」

私、朝型なんです

I'm a morning person.

【アイマ・モ〜ニンヶ・パ〜スン】

👑 英語が「スラスラわかるコツ」 👑

「朝型」と聞くと、英語でどう表現したらよいのか、一瞬迷ってしまいます。でも、意外に簡単。I'm a morning person. でいいんです。「夜型」は、I'm a night person. と言います。とても簡単ですよね。

この「〜 person」は「〜タイプの」という意味で、「朝型・夜型」「アウトドア派・インドア派」のように、人をタイプ分けするときに使うのが一般的。

また、「〜 person」には「〜が好きな人」という意味もあります。She's a cake person.「彼女はケーキ大好き人間です」や He's a people person.「彼は社交的（人付き合いがよい）です」のように使います。一緒に覚えておくと便利です。

👑 まだある！「すごい1行」 👑

私、コーヒー党なの
I'm a coffee person.

「お茶派」なら a tea person となります。

私、犬派です
I'm a dog person.

「猫派」なら a cat person となります。

（服装について）カジュアル派です
I'm a jeans person.

「きちんとした格好が好きな人」は a black-tie person と言います。

彼、体育会系だよね
He's an athletic type of person.

athletic は「スポーツ好きな」「運動神経の発達した」という意味で、[アすレティック]と発音します。

俺、甘党なんだ
I have a sweet tooth.

英語では「甘い歯を持っている」と言います。「辛党」は I like drinking.（お酒を飲むのが好きです）と言いますが、欧米では甘党か辛党かという比較はあまりしないようです。

コンビニ寄っていい?

Can I stop by a convenience store?

【キャナイ・スタッバイア・コンヴィニエンス・ストア〜】

👑 英語が「スラスラわかるコツ」 👑

　自分の都合でどこかに立ち寄りたいときに使えるのが、Can I stop by 〜?という表現。

　go が「(わざわざ) 行く」「出向く」という意味であるのに対し、**stop by は「ちょっと立ち寄る」というニュアンス**です。

　by のあとには、a gas station (ガソリンスタンド)、a bookstore (書店)、my office (私の会社)、an ATM (現金自動預け払い機) などの立ち寄りたい場所を入れます。

　ちなみに、日本では「コンビニ」と略すことが多いですが、英語では短縮しません。convenience store と略さずに言いましょう。

👑 まだある!「すごい1行」 👑

何か欲しいものある?
Do you need anything?

カジュアルな表現です。丁寧に尋ねる場合は、Would you like anything?(何か欲しいものはおありですか)と聞きます。

ここってATMあるかな?
Do they have an ATM here?

この they は、コンビニなどの立ち寄った場所を指しています。

トイレ、貸してください
May I use your ladies' room?

ladies' room は「女性用トイレ」のことで、これは女性が使う表現です。男性の場合は、men's room に換えて言いましょう。

このおでん、うまそー
This "oden" looks good.

「うまそー」は look(s) good と言います。「超うまそー」なら、look(s) really good としましょう。

空気が読めないヤツだ

He's clueless.

【ヒーズ・クルーレス】

👑 英語が「スラスラわかるコツ」 👑

「空気が読めない」、つまり、「**状況を察することができない人**」のことを clueless と言います。He's clueless. で、「彼は何もわかっちゃいない」というニュアンスになり、「空気が読めないヤツだ」を表すことができます。clueless は「バカなヤツ」という意味で使われることもあります。

He doesn't have a clue about what's going on. と言うこともあり、この場合、「何が起きているのか、彼はちっともわかっていない」という意味。これで、「状況を察することができない鈍感なヤツ→空気が読めないヤツ」となります。こんなことを言われないように注意しなければなりませんね。

自分をうまくアピールする「1行」 19

👑 まだある！「すごい1行」 👑

彼、浮いてるよ
He's out of place here.

「浮く」は out of place（場違いである）と表します。

シャツがしわだらけじゃないか
Your shirt is all wrinkled.

wrinkled は「しわになった」という意味。［ウリンクゥォド］これにallをつけて、「しわだらけ」を表現しています。

身だしなみをちゃんとしたら？
You need to be a little better groomed.

「身なりがきちんとした」は well groomed と言います。ここでは well の比較級 better と a little を用いて、「もう少しきちんとした身なり」を表しています。

少しはほかの人のことも考えたらどう？
How about a little consideration?

How about 〜? は「〜したらどう？」という提案表現です。consideration は「（他人への）思いやり」「配慮」という意味で、a little（少し）を加えて、「少しくらい（周囲に）配慮してもいいんじゃない？」というニュアンスになります。

へこむなぁ

I'm bummed out.

【アイム・バムダウト】

👑 英語が「スラスラわかるコツ」 👑

　日常会話でよく使われる「へこむ」。この言葉を言い替えると、「がっかりする」「落胆する」という意味になります。「がっかりする」は I'm disappointed. と言いますが、「へこむ」が持つ口語的ニュアンスを加えるなら、I'm bummed out. がよりふさわしいでしょう。**bummed out** は「元気がない」「落ち込んだ」という意味の口語表現で、若者がよく使います。

「マジ、へこむなぁ」と言いたいなら、「とても」「本当に」という意味の really を加えて、I'm really bummed out. と言います。ちなみに、「押されたりしてくぼむ」という意味での「へこむ」は dent と言います。

👑 まだある！「すごい1行」 👑

がっかり
What a letdown.

letdown は「がっかりするようなこと」「期待はずれなこと」という意味です。

立ち直れないよ
I can't get over it.

get over は「（悲しみなどから）立ち直る」という意味の熟語です。「（病気から）回復する」という意味もあります。

自信を持て！
Be confident!

confident は「自信のある」という意味。[カンフィデント]と発音します。

気分転換にボーリングでも行くか？
Do you want to go bowling for a change?

「気分転換に」は for a change と言います。go bowling（ボーリングに行く）を、go shopping（買い物に行く）、go to karaoke（カラオケに行く）、go for a drink（飲みに行く）などと入れ替えても使えます。

社会の窓、開いてるよ

Your fly is open.

【ヨア・フライ・イズ・オゥプン】

👑 英語が「スラスラわかるコツ」 👑

　英語の fly には、「飛ぶ」「飛行機で行く」「ハエ」などなど、じつにたくさんの意味があります。その中で日本人に**意外なのが、「ズボンのファスナー」という意味**でしょう。Your fly is open. と言えば、「社会の窓が開いてるよ」という意味。ファスナーが下にあるので、Your fly is down. とも言います。

　また、子どもの間では、Your fly is open. を"XYZ（エックス・ワイ・ズィと読む）"と言うこともあります。これは、Examine your zipper.（ジッパーを見てごらん）を略したものです。ちなみに、「チャック」は日本のファスナーの商標なので、アメリカ人相手に Your chuck is open. と言っても通じません。

👑 まだある！「すごい1行」 👑

ズボンに穴があいてるよ
There's a hole in your pants.

pants とは「ズボン」のこと（アメリカ英語）。「（下着の）パンツ」は underwear と言います。イギリス英語では、pants が「（下着の）パンツ」になります。

ボタンが取れてるよ
Your button is missing.

この場合の missing は「なくなっている」という意味。

シャツ、裏表だよ
Your shirt is inside out.

英語では、「裏表」を inside out（内側が外になっている）と表現します。

やだ！ストッキング伝線しちゃった
Oh no! I've got a run in my pantyhose.

「（ストッキングの）伝線」は run、「ストッキング」は pantyhose［パンティホウズ］と言います。

俺、バツイチなんだ

I'm divorced.

【アイム・ディヴォ〜スト】

👑 英語が「スラスラわかるコツ」 👑

　最近は、日本でも離婚が珍しくありません。そのため、「離婚した＝人生歴に×（バツ）がついた」とユーモラスな発想をして、「バツ１」「バツ２」と離婚した数までつけたりします。ただ、英語にはこれに相当する表現がありません。よって、「**バツイチ**」は単に「**離婚している**」と考えて、I'm divorced. と表します。

　どうしても、回数を言いたい場合は、once（１回）や twice（２回）を使って I got divorced once / twice. と言います。回数を言うときは、I'm ではなく、I got になる点に注意。でも、英語の感覚からすると、「離婚した回数なんて大切なの？」と少々不思議な響きに聞こえます。

自分をうまくアピールする「1行」 25

👑 まだある！「すごい1行」 👑

ご結婚されているんですか？
Are you married?

married を marriaged（×）と言ってしまう間違いが多いので注意しましょう。

独身だよ
I'm single.

「いまだに独身だよ」は I'm still single. と言います。

再婚なの
This is my second marriage.

second marriage は「2回目の結婚」のこと。「再再婚」なら third marriage（3回目の結婚）に。

彼女、アメリカ人と結婚したんだよ
She married an American.

「marry＋人」で「～と結婚する」という意味。with はいりません。

結婚して子どもが2人います
I'm married with two children.

「be動詞＋married with children」で「結婚して子供がいる」。「子どもと結婚した」と解釈しないように。

親バカですみません

I know I'm a doting parent.

【アイノウ・アイマ・ドゥティング・ペアゥレント】

👑 英語が「スラスラわかるコツ」 👑

欧米には、「親バカ」という概念がありません。

日本人には違和感があるかもしれませんが、「うちの子はすごいのよ」などと我が子をほめるのは当たり前のことなのです。日本でのように「うちのバカ息子は……」などと言おうものなら、「どうして人前で自分の子どもを悪く言うんだ？」と不審に思われるくらいです。そのため、「親バカ」にピッタリの表現がなく、doting parent（溺愛した親）と表すのが一番近いでしょう。

最初に I know をつけることで、「（よくないと）わかってはいるんだけどねぇ」というニュアンスが含まれ、日本語の感覚に近くなります。

👑 まだある!「すごい1行」 👑

(子どもをあやすときの) いないいないばー
Peekaboo.

英語では［ピカブー］と言います。

(子どもをあやすときの) 高い高ーい！
Upsy-daisy.

英語では［アプスィデイズィ］と言います。赤ちゃんを抱き上げるときの掛け声としても使われます。

(子どもに) お利口さんね
Good boy! / Good girl!

男の子には Good boy!、女の子には Good girl! と言います。

(子どもを留守番させるときに) いい子にしててね
Be good.

good を強く長めに言うのがポイントです。

うちの子に限ってそんなことはありません！
My child would never do that!

「うちの子は絶対にそんなことしません！」が直訳です。never を強調して言うと、「うちの子に限って」というニュアンスを出すことができます。

うわさをすれば影だ!

Speak of the devil!

【スピーク・オヴざ・デヴォ】

👑 英語が「スラスラわかるコツ」👑

うわさをしていた人が目の前に現れたりすると、ちょっとびっくりするもの。だからでしょうか。日本でも欧米でも、このような場合、決まり文句があります。日本語では、「うわさをすれば影（がさす）」と言いますが、英語では Speak of the devil, and he's sure to appear.。そのまま訳せば、「**悪魔のことを話せば悪魔が現れる**」といった**意味**ですが、Speak of the devil. とだけ言うことが多いようです。Talk of the devil. と言うこともあります。

なお、カタカナ英語では devil をデビルと言いますが、デビルと発音しても英語では通じません。［デヴォ］のように言いましょう。

👑 まだある!「すごい1行」👑

うわさで聞いたんだけど
A little bird told me,

英語では、「小鳥が教えてくれたんだけど」と表現します。小耳に挟んだことを話すときの決まり文句です。

うわさは当てにならないよね
Who knows if this is true?

「これが本当のことかどうか、だれが知っているというの?」→「いや、だれも知らないさ」→「うわさは当てにならない」となります。

人生、そんなものだよ
That's the way it goes.

「仕方がないさ」と言うときの決まり表現です。That's the way it is. と言うこともあります。

急いでいるときに限って、信号が赤なんだよな
Just when you're in a hurry, there are only red lights.

信号のことを light と言います。ちなみに、「青信号」は blue ではなく green になることに注意。

ちょっとトイレ

I'm going to the men's room.

【アイム・ゴウイングトゥーざ・メンズ・ウルーム】

👑 英語が「スラスラわかるコツ」 👑

英語には、「トイレ」を表す単語がたくさんあります。家庭のトイレは bathroom、公共のトイレは restroom や washroom、飛行機などのトイレは lavatory と言います。

また、**男性用のトイレを** men's room、**女性用のトイレを** ladies' room **と言うことがありますが**、これは品のいい表現です。ホテルやレストラン、デパートなどのトイレのドアには、このように書いてあることがよくありますね。ちょうど、日本の「紳士用」「婦人用」と似ています。見出しのフレーズは男性が使う表現です。女性は、ladies' room に変えて言いましょう。

toiletは、アメリカ英語だと「便器」を指すので使わないように。

自分をうまくアピールする「1行」 31

👑 まだある！「すごい1行」 👑

ちょっと電話かけてくる
I've got to make a quick call.

I've got to ~ は I have to ~（~しなきゃ）と同じ意味です。この「ちょっと」は quick で表します。

悪い、今日晩ご飯いらないよ
Sorry, I don't need dinner tonight.

この場合の「今日」は tonight（今夜）が適切です。

あっ、上司から着信だ
Oh, I got a call from my boss.

「着信」は call（かかってきた電話）と表せばOK。

ここ、圏外だ
I can't get a signal here.

signal（電波）が get できない＝圏外ということ。

ヤバイ、（ケータイを）充電しないと
Oh no, my battery is dying.

充電がなくなりそうなときにはこう言います。完全になくなってしまったときは、dying を dead にします。

目が点になった

My eyes almost popped out.

【マイアイズ・オーモスト・パップタゥト】

👑 英語が「スラスラわかるコツ」 👑

「目が点になった」を英語では、My eyes almost popped out.(もう少しで目が飛び出そうだった)と表現します。**日本語、英語のいずれも「目」を使って表す**ところは同じですね。popped は pop の過去形で、pop は「ポンと飛び出る」という意味ですが、[パップ]という発音からも、驚いて目がポンと飛び出る様子が想像できますね。

ところで、頭や顔をぶつけて一瞬めまいがすることを「目から火が出る」と言いますが、英語ではこれを、see stars(星が見える)と言います。たしかに、アメリカのマンガでは「目から火が出る人」の周りにはよく星が描かれていますね。

自分をうまくアピールする「1行」 33

👑 まだある！「すごい1行」 👑

ウッソ〜
No kidding!

kid は「冗談を言う」という意味。「ウッソ〜、冗談でしょ？」というニュアンスです。

マジで？
For real?

Really? と同じように使えますが、For real? のほうがくだけた言い方です。

あきれてものも言えないよ
I'm speechless.

-less は「〜ない」「〜できない」という意味の接尾語です。日本語と似た発想の表現です。

やっぱりね
I knew it.

「私はそれがわかっていた」→「やっぱりね」となります。

そりゃ当然だよ
No wonder.

「不思議はない」が直訳です。「どおりでね」という状況で使うこともできます。

彼、頭がおかしいよ

He's out of his mind.

【ヒーズ・アウトヴ・ヒズ・マインド】

👑 英語が「スラスラわかるコツ」 👑

英語の mind には「正気」「理性」といった意味があります。ですから、「he（彼）が his mind（正気）の out（外）にいる」とすると、「正気ではない→頭がおかしい、頭がどうかしている」となります。He's crazy. や He's nuts. と言うこともできます。

日本語で「頭」がつく慣用表現を、英語では mind を用いて表すことがあります。たとえば、「頭が真っ白になった」は、My mind went blank.。「そのことが頭から離れない」は I can't take my mind off it. と言います。「そのことを頭に入れておきなさい」は Keep that in mind. です。使える1行フレーズをどんどん覚えてしまいましょう。

自分をうまくアピールする「1行」 35

👑 まだある！「すごい1行」 👑

彼女ってなんだか変わってるよね
She's kind of weird.

この kind of は「なんだか」「ちょっと」という意味です。weird は strange と同じく、「変わった」「変な」という意味で［ウィア〜ド］と発音します。

彼、ストレスがたまっているんじゃない？
I guess he's stressed out.

I guess 〜 は「（推測して）〜だと思う」と言うときに使います（［ゲス］と発音）。「ストレスがたまっている」は stressed out。out は省略してもOKです。

彼の考え方にはついて行けない
I can't get along with his way of thinking.

get along with 〜 は「（意見や考え方を）支持する」という意味です。

タナカ部長、最近カリカリしてますね
Mr. Tanaka has been touchy lately.

「部長」は department manager または department director と言いますが、英語では役職ではなく、名前で呼ぶのが一般的です。touchy は「カリカリした」「気難しい」という意味。

最近、太っちゃって

I've gained weight recently.

【アイヴ・ゲインド・ウエイト・
ウリースントリー】

👑 英語が「スラスラわかるコツ」👑

だれにとっても気になることと言えば体重。好きなものを好きなだけ食べても太らなかったらいいのに…などと思ったりします。さて、体重に関する話題の代表フレーズと言えば、「最近、太っちゃって」。英語ではこれを、I've gained weight recently. と言います。「太る」は gain weight（体重が増える）と表現します。逆に「やせる」は lose weight。「やせた」は lost weight になります。

具体的にどのくらい太ったか、あるいは、やせたかを表すときは、weight の代わりに数字を入れます。I've gained 3 kg.（3キロ太った）、I've lost 3 kg.（3キロやせた）という具合です。

👑 まだある！「すごい1行」 👑

ダイエットしなくちゃ
I need to go on a diet.

go on a diet で「ダイエットする」という意味。「ダイエット中です」は I'm on a diet. と言います。

腹が出てきた
I'm getting a spare tire.

spare tire は「スペアタイヤ」のことですが、口語では「腹まわりのぜい肉」の意味でも使います。

この脂肪、何とかしたいな
I want to get rid of this fat.

get rid of ～ は「～を取り除く」という意味。fat は「脂肪」のことですが、She's fat. のように人に対して使うと「肥満体の」という意味になるので注意。

体脂肪率がヤバイ
I really need to reduce my body fat percentage.

直訳すると「本当に体脂肪を減らさないといけない」。欧米では、スポーツ選手でない限り、日本人ほど体脂肪率を気にしないようです。

塩分、控えなきゃ

I need to cut down on salt.

【アイ・ニートゥ・カッダウノン・ソーォト】

👑 英語が「スラスラわかるコツ」 👑

「塩」を英語で言うと salt。では、「塩分」は？

こうなると、答えられない人が多いのではないでしょうか。

じつは、「**塩分**」も salt でいいんです。たとえば、「塩分を控えなきゃ」は I need to cut down on salt. と言います。同様に、sugar には「砂糖」のほか「糖分」という意味があるので、I need to cut down on sugar. と言えば、「糖分、控えなきゃ」という意味になります。

cut down on ～ は「～の量を減らす」という意味で、塩分や糖分のほか、タバコや酒の量を減らすときにも使えます。

自分をうまくアピールする「1行」 39

👑 まだある！「すごい1行」 👑

最近、甘いもの食べすぎだな
I've been having too much sugar recently.

having を eating にしてもOKです。

コレステロール値が高いんだ
I have high cholesterol.

cholesterol は le を強く発音します。

最近、こってりした物がダメでさぁ
These days I can't eat rich foods.

「こってりした物」は rich foods。ここでの「ダメ」とは「食べられない」ということなので can't を使います。

明日は人間ドックなんだ
I'm getting a complete physical tomorrow.

complete は「徹底的な」、physical は「健康診断」のこと。これらを一緒に用いて「人間ドック」を表します。

俺、「メタボ予備軍」なんだ
I have pre-metabolic syndrome.

pre- は「前の」という意味。pre-metabolic syndrome で「メタボ予備軍」となります。ただし、「メタボリック症候群」という言葉は、欧米では一般化していません。

ゴミを分別してください

Separate the trash, please.

【セパゥレイト・ざ・トゥラッシュ・プリーズ】

👑 英語が「スラスラわかるコツ」 👑

　地球の温暖化が進んでいるせいか、最近は、環境問題を意識している人が増えているようです。日本より欧米のほうが意識が高いと思っている人が多いようですが、ゴミの分別に関しては、日本は世界でもトップクラスと言われるほど細かく分けています。

　そこで、ぜひ覚えておきたいのが、Separate the trash, please. という表現。**separate** は「〜を分ける」、**trash** は「ゴミ」のことです。

　ゴミと言っても、英語にはいろいろな言い方があります。紙くずや古新聞、空きビンなどの乾いたゴミは trash、生ゴミなどの台所から出るゴミは garbage、道路などに散らかったゴミや紙くずは litter と言います。

👑 まだある!「すごい1行」 👑

再生紙を使うべきだよ
We should use recycled paper.

「再生紙」は recycled paper と言います。英語では、recycle ではなく recycled となる点に注意。

部屋を出るときは電気を消してください
Please turn off the lights when you leave the room.

「(電気やコンピュータなどを) 消す」は turn off 〜 と言います。逆に「〜をつける」は turn on 〜 です。

ここではエアコンを25度に設定しています
We keep it at 25 degrees here.

「エアコン」は英訳しなくても、keep it at 25 degrees (25度を保っている) と言えばエアコンだとわかります。

スーパーにエコバッグを持って行きます
I take my own bag with me
when I go grocery shopping.

「エコバッグ」は和製英語。英語では my own bag (自分自身のバッグ) と言います。when I go grocery shopping は「スーパーへ買い物に行くとき」という意味。

痴漢に間違われたんだ

I was mistaken for a groper.

【アイワズ・ミステイクン・フォ〜ア・グゥロウパ〜】

英語が「スラスラわかるコツ」

「〜に間違われた」と言う場合は、I was mistaken for 〜. を使います。他の人に間違えられるならともかく、痴漢に間違われるのは迷惑な話ですね。でも最近は、このような話をよく聞きます。

さて、「痴漢」を groper と言います。とくに、電車などで女性の体を触るタイプの痴漢を指します。ですから、「電車の中で痴漢に間違われた」は、I was mistaken for a groper. となります。

ちなみに、「ほかの人に間違えられた」というときは、I was mistaken for someone else. と言います。「姉（兄）と間違えられた」なら、I was mistaken for my sister / brother. となります。一緒に覚えておきましょう。

👑 まだある！「すごい1行」 👑

ちょっと勘弁してよ〜って感じ
I was like, give me a break!

give me a break は「やってられない」「いい加減にしてよ」というニュアンスです。

ストーカーされてるの
I'm being stalked.

stalker は「異常に付きまとう人」のこと。「ストーカーされている」は、動詞のstalkを受け身で表します。

彼って変態？
Is he a pervert?

pervert は「変態」「変質者」のことで、[パ〜ヴァ〜ト]と発音します。ちなみに、flasher は「露出狂の人」を指します。

あの人、気持ち悪い
He gives me the creeps.

give 〜 the creeps は「〜に嫌悪感を与える」「〜をぞっとさせる」という意味の熟語です。

ちょっとつめて

Scoot over.

【スクート・オゥヴァ〜】

👑 英語が「スラスラわかるコツ」 👑

友だちや同僚と食事にでかけたとき、人数が多くて全員が座りきれないことってありますよね。少しつめてもらえたらもう1人座れるんだけど…。そんな状況でサラッと言えたらカッコいいのが、Scoot over. という表現。これだけで「ちょっとつめて」という意味になります。

この1行は、食事のときに限らず、電車に乗っているときやスポーツ観戦のときにも使えます。親しい間柄なら Scoot over. でOKですが、**見知らぬ相手には Can you scoot over?**（少しつめてくれますか）と言いましょう。Can you を Could you に換えて、Could you scoot over?（少しつめていただけますか）と言えば、さらに丁寧さがアップします。

👑 まだある！「すごい1行」👑

ちょっと来てくれる？
Can you come over?

Can you come? でもOKですが、over が入るとよりネイティブ的になります。

ちょっといい？
Can I talk to you for a minute?

for a minute は「1分間」のこと。ここでは「ちょっと」「少し」という意味で使われています。

そこ、空いてる？
Is that seat taken?

空いている席を指しながら言うのがポイントです。この英文の直訳は「その席はふさがっていますか？」。だから、空いている場合は No.（＝ふさがっていない）と答えます。Yes. だと「ふさがっている」、つまり「空いていない」ことになります。

相席してもいい？
Can I join you?

join は「〜に加わる」という意味。カフェなどで偶然知り合いに会ったときなどに使います。他人に相席をお願いする場合は、Excuse me, may I share the table?（すみません、相席してもよろしいですか？）と言うのがベター。

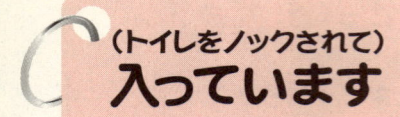

（トイレをノックされて）
入っています

I'm using it.

【アイム・ユーズィンギット】

👑 英語が「スラスラわかるコツ」 👑

「入っています」を直訳して I'm in. と言いたくなりますが、I'm using it.（使用中です）のほうがいいでしょう。「ちょっと待ってください（すぐに出ますから）」という意味で、Just a moment. と言ってもOKです。

欧米のトイレ事情は、日本とかなり違います。レストランやショッピングモール、空港などのトイレのドアは下が30センチほど空いているので、中に人が入っているかどうかはすぐにわかります。

また、家のトイレは、使っていないときはドアを開けておくのがマナーです。ですから、トイレでドアをノックされるシーンは日本ほどないのですが、いざというとき大変便利な言葉です。

👑 まだある！「すごい1行」 👑

（部屋をノックして）入ってもよろしいですか？
May I come in?

May I ～? は「～してもよろしいですか？」という丁寧な表現です。

進入禁止
Do Not Enter

「入らないでください」という意味。

関係者以外立ち入り禁止
Staff Only

「関係者だけOK」と逆の発想をした表現です。

立ち入り禁止
Keep Off

芝生などに入らないよう警告する表現です。山や庭など、人の土地の場合は No Trespassing（不法侵入禁止）。

土足厳禁
Shoes Off

「靴を脱いで」と表現します。No Shoes Please と書いてあることも。

超うれしー!

You made my day!

【ユー・メイド・マイデイ】

👑 英語が「スラスラわかるコツ」 👑

いい知らせを耳にしたり、プレゼントをもらったりして、とても嬉しく思ったときに使うとぴったりのフレーズです。

You made my day! を直訳すると、「あなたが私の日を作ってくれた！」。カレンダーには、「正月」や「建国記念日」などの祝日や、「クリスマス」や「七夕」などの行事が書かれています。

つまり、このような特別な日と同じように、「私の日」を作ってくれた――そのくらい嬉しい1日になったという状況で、このフレーズを使うわけです。「**おかげでいい1日になったよ。ありがとう**」といったニュアンスで使うといいでしょう。

👑 まだある!「すごい1行」 👑

すごーい!
Great!

ほかに、Wonderful! / Fantastic! / Amazing! なども使えます。

よくやった!
Good job!

相手のがんばりをほめるときの定番表現です。

最高!
I couldn't be happier!

「これ以上嬉しくなれない」→「今が最高だ」という意味になります。

感激!
I'm so impressed.

impressed は「感銘を受けた」という意味。[インプゥレスト] と発音します。

しまった!
Oh, my gosh.

Oh, my God. の God(神)という言葉を使用するのを避けた言い方です。Oh my goodness.「あら、いけない」を好む女性も多いです。

勝手にすれば!

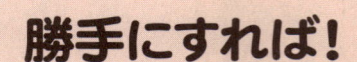

Suit yourself!

【スートゥ・ヨアセォフ】

👑 英語が「スラスラわかるコツ」👑

suit は「スーツ」「背広上下（名詞）」という意味でおなじみです。

ただ、動詞として使われることもあり、その場合、**「（日時などが）～に好都合である」や「（色や形が）～に似合う」**という意味になります。This Sunday suits me fine.（今度の日曜日は都合がいいです）や、That jacket suits you.（そのジャケットはあなたに似合っていますよ）のように使います。

Suit yourself! だと、「勝手にすれば」「もーっ、好きなようにしなさい」という意味になります。何度言っても聞かない人や、我を通そうとする人に対して使います。

自分をうまくアピールする「1行」 51

👑 まだある！「すごい1行」 👑

だから何よ！
So what?

開き直りの表現で、突き放したように言うのがポイント。単に、So?（だから？）と言うこともあります。

はいはい、何とでも
Whatever!

相手の言い訳に付き合いきれなくなったときなどに使うとピッタリ。

よくもそんなことが言えるな！
How dare you?

How dare you? は How dare you say that? を短くした形で、「よくもまあ」と憤りを表すときに使います。dare（生意気にも〜する）を強く言います。

だったら自分でやれば？
Then, just do it yourself.

then は「だったら」「そういうことなら」という意味。just は省略してもOKです。

気をつけ!

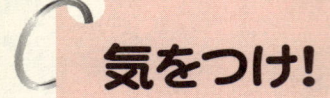

Attention!

【アテンシャン】

👑 英語が「スラスラわかるコツ」 👑

軍隊などで使われる号令の「気をつけ!」は、Attention! と言います。「気をつけの姿勢で立つ」なら、stand at attention と言います。これらは軍隊用語のため、日常生活ではあまり耳にしませんが、戦争映画などを観ると出てくることがあります。

attention は「注意」「注目」という意味で、よくほかの言葉と組み合わせて使われます。pay attention（注意を払う）、get media attention（マスコミから注目される）、come to my attention（私の目に留まる）などは覚えておくといいでしょう。空港やデパートなどのアナウンスで最初に言う Attention, please.（お知らせいたします）は、もうおなじみですね。

自分をうまくアピールする「1行」 53

👑 まだある!「すごい1行」 👑

回れ右!
About face!

イギリス英語では、About turn! と言います。

右向け右!
Right face!

「左向け左!」は Left face! と言います。イギリス英語では、Right turn! / Left turn! となります。

右へならえ!
Dress right!

「前へならえ!」は、Stand at arm's length! と言います。「(前へならえをしたときの) 腕の距離を保って立て」という意味。

前に進め!
Forward march!

forward は「前方へ」、march は「行進する」という意味。

止まれ!
Halt!

Halt! は号令の「止まれ!」で、[ホーオト] と発音します。日常生活ではStop!と言います。

年金だけで暮らしていけるかな

Can I survive on my pension alone?

【キャナイ・サヴァイヴォン・マイ・ペンシャン・アロウン】

👑 英語が「スラスラわかるコツ」 👑

よく耳にする言葉に「サバイバル」があります。これは「生き残り」という意味で、この動詞形が survive（生き残る）です。survive on ～ だと「～でなんとかやっていく」という意味になります。ここでは、後ろに my pension alone（年金のみ）を続けて、「年金だけでなんとかやっていく」というニュアンスを出しています。Can I survive on my pension alone? は「私は年金だけでやっていくことができますか」が直訳です。

ところで、年金にもいろいろあります。「国民年金」は national pension、「厚生年金」は company pension、「共済年金」は mutual-aid pension、これら3つの総称である「公的年金」は public pension と言います。

自分をうまくアピールする「1行」 55

👑 まだある!「すごい1行」 👑

保険料、けっこう高いなぁ
The premium is pretty high.

「保険料」は premium と言います。この pretty は「かわいい」ではなく、「けっこう」「かなり」という意味。

退職金をアテにしてるんだけど
I'm counting on the retirement allowance.

「〜をアテにする」は count on 〜 と言います。retirement allowance は「退職金」のこと。

早期退職したほうがいいかな?
Is it better to retire early?

retire early は「早期退職する」という意味。自分自身に問いかけるとき、人に尋ねるときのいずれにも使えます。

親の老後の面倒をみるつもりだ
I'm going to take care of my parents when they're older.

「老後」は when they're older(彼らが老いたら)と表現すればOK。

じつは、精神科に通っているんです

To tell the truth, I'm seeing a psychiatrist.

【トゥテオ・ざ・トゥルーす・アイム・スィーンガ・サイカイアトゥリスト】

👑 英語が「スラスラわかるコツ」 👑

相手が驚くようなことを話すときの前置きとしてよく使われるのが、to tell the truth というフレーズです。あえて日本語に訳すと、「じつは」とか「じつを言うと」という意味になります。to tell you the truth と you を入れることもあります。

「精神科に通っている」は、I'm seeing a psychiatrist.（精神科医に診てもらっている）と表現するのが英語流です。ただ、英語圏でこの表現を使うと、かなり重いニュアンスになります。ですから、冒頭の日本語のように、相手に自分の秘密を話すというイメージであれば、psychiatrist の代わりに counselor（カウンセラー）を使うのがいいかもしれません。

まだある!「すごい1行」

プチうつなんだ
I'm a little depressed.

depressed は「うつ病の」という意味です。「うつ病」は depression、「そううつ病」は manic depression と言います。プチはフランス語なので、a little で代用します。

同僚との関係にストレスを感じています
My co-workers are stressing me out.

co-worker(s) は「同僚」のこと。stress 〜 out は「〜にストレスを与える」という意味です。

パワハラを受けているの
I'm being harassed by my boss.

「上司から嫌がらせを受けている」が直訳です。harassed は「嫌がらせを受けて」という意味。パワーハラスメントは和製英語なので、英語としては通用しません。セクシャルハラスメントはきちんとした英語で、「(職場などで権力を背景に行なう)性的嫌がらせ」という意味です。

頭がはげそう!
I'm going to lose my hair!

lose my hair(髪を失う)、これでズバリ、「ハゲになる」ということです。

2章
仕事がうまくいく「1行」

コピー、10枚とってくれ

Make ten copies of this.

【メイク・**テン**・カピーゾヴ・でぃス】

英語が「スラスラわかるコツ」

日本人には「make＝作る」というイメージが強いようですが、**英語の make はいろいろなビジネスシーンで使える便利な単語です**。たとえば、make a copy（コピーをとる）もその１つ。「コピーを10枚とる」は make ten copies となります。ほかにも、次の表現を覚えておくと、いざというときに役立ちますよ。

make a call（電話をかける）

make a business trip（出張する）

make a contract（契約を結ぶ）

make a presentation（プレゼンをする）

make an appointment with ～（～とのアポを取る）

make a reservation for ～（～の予約をする）

まだある!「すごい1行」

ファックス番号を教えてくれる?
Can you give your fax number?

ファックス番号を尋ねるときの定番表現です。your を忘れないように。

メールに添付しますね
I'll attach it to the e-mail.

「〜を添付する」は attach 〜 と言います。

明日午前中着で送ってください
Can I have it delivered for tomorrow morning?

have it delivered で「それを配達してもらう」という意味。

お茶ぐらい自分で入れてよ!
Can't they make tea for themselves?!

「お茶ぐらい自分たちで入れられないの!?」が直訳です。ぶつぶつ独りごとを言う感じで言います。

雑用はうんざり
I'm tired of these menial tasks.

I'm tired は「疲れている」ですが、of がつくと「〜にうんざりしている」になります。menial は「(仕事が)こまごました」「つまらない」。[ミーニアォ]と発音します。

ここだけの話だけど

Between you and me,

【ビットウィーン・ユーアンドミー】

英語が「スラスラわかるコツ」

ないしょ話を切り出すときの前置き表現です。

これは This is between you and me, の This is を省略した形で、「あなたと私の間だけのことだけど」というのが直訳です。you and me を ourselves（私たち自身）に置き換えて、Between ourselves, としてもOKです。

ないしょ話をした後で、「ここだけの話にしておいてね」と言うなら、It's just between you and me, OK？と表現します。

日本語と同じように、Don't tell anyone.（だれにも言わないでね）と言うこともできます。

まだある!「すごい1行」

> **あのね**
> You know what?

Guess what? と言うこともあります。

> **信じられないかもしれないけど**
> Believe it or not,

「それを信じるにしても信じないにしても」が直訳です。

> **っていうか**
> I mean,

「私が意味するのは」が直訳で、言い直しをしたり、言葉を加えたりするときに使います。

> **それで思い出した!**
> That reminds me!

ある発言がきっかけで別のことを思い出したときの決まり文句です。このあとに、思い出した事柄を続けます。

> **あっ、ところでさぁ**
> Oh, by the way,

話題を変えるときの前置き表現です。

納期に間に合う?

Can we make the deadline?

【キャンウィ・メイク・ざ・デッドライン】

英語が「スラスラわかるコツ」

deadline と言えば「期日」「締め切り」のこと。そのときの状況によっては「納期」を表すこともできます。make the deadline で「期日に間に合う」という意味になります。

「品物の納期」を delivery date（配達日）、「お金の納期」を payment date（支払日）と言うこともあります。

見出しのフレーズは、冒頭が Can we となっているため、「納期に間に合わせることができるか心配している、社内の人同士の会話」ということがわかります。相手に「納期に間に合いそう？」と尋ねる場合は、Can you ～? としましょう。

まだある！「すごい1行」

サボってないで仕事しろ！
Stop goofing off and get back to work.

goof off は「（仕事を）サボる」「怠ける」という意味です。「（学校や授業）をサボる」場合は、cut school や cut the class のように言います。

質より量を重視しろ！
Quantity over quality!

quantity は「量」のこと、quality は「質」のことです。

何度言ったらわかるんだ
How many times do I have to tell you?

英語では、「何度言わなくちゃならないんだ」と表現するのが一般的です。

明日までにできるわけないじゃん
How can I finish it by tomorrow?

「どうやったら明日までに終わらすことができるんだ？→いや、できるわけがない」という反語表現です。

請求書を発行してください

Can you send an invoice?

【キャニュー・センド・アニンヴォイス】

英語が「スラスラわかるコツ」

「(明細記入の) 請求書」や「(商品の) 送品書」は、英語ではすべて invoice と言います。会社や店などの間で「請求書を送ってください」と頼む場合は、Can you send an invoice? と言います。

ただし、telephone bill (電話代)、medical bill (医療費)、electricity bill (電気代)、gas bill (ガス代) などには、「請求書」であっても、invoice ではなく、bill を用います。

ちなみに、「領収書」はreceipt、「見積書」はestimate、「納品書」はdelivery statement、「明細書」はdetailed statement、「注文書」はorder formと言います。覚えておくと便利です。

まだある！「すごい1行」

見積書をお待ちしております
Could you send us an estimate?

Could you 〜? は「〜していただけますか」という丁寧な表現。

納品書を同封します
The delivery statement is enclosed.

is enclosed は「同封されています」という意味。

ご注文、ありがとうございました
Thank you very much for your order.

この order は「注文」のことです。「お問い合わせ、ありがとうございました」なら、order を inquiries にします。[インクワイアゥリーズ] と発音。

お振込先をお知らせください
We're going to need your bank information.

「振込先」は bank information と言います。これには、銀行名、口座番号、口座名義などすべての必要項目が含まれています。「(振込みに際し) 貴社の銀行情報が必要になります」といった意味ですね。

プレゼン、超、緊張した

I had butterflies in my stomach at my presentation.

【アイハド・バタフライズ・インマイ・スタマック・アッマイ・プゥレゼンテイシャン】

英語が「スラスラわかるコツ」

I had butterflies in my stomach. を直訳すると、「胃の中に蝶がいた」となります。英語では、これで「超、緊張した」とか「かなり、アガった」という意味になります。**胃の中でたくさんの蝶が飛び回っている様子**から、「そわそわと落ち着かないでいる」ことが想像できますね。これに、at my presentation を続けて、プレゼンでかなり緊張したことを表しています。

似たような表現に、I have ants in my pants. というのもあります。これを直訳すると「ズボンの中にアリがいる」。ズボンの中でたくさんのアリが動き回っている様子を想像すると、やはり落ち着かない感じになりますね。

まだある！「すごい1行」

人前で話すの苦手なんだ
I don't like speaking in public.

in public は「人前で」「公の場で」という意味です。in front of many people と言えば、「大勢の前で」となります。

緊張すると、言葉がつまっちゃうんだ
I stammer when I'm nervous.

stammer は「言葉をつまらせながら言う」という意味で、[ステァマ〜] と発音します。

あ〜あ、やらなくてもよかったらなあ
I wish I didn't have to.

プレゼンやスピーチなど「やりたくないこと」をやらなければならないという状況で使います。つまり、現状と逆のことを願っているわけですね。

どうして僕がやらなくちゃならないんだ！
How come I need to do it?

how come は「どうして」という意味。why よりくだけた言い方です。

君の決断に任せるよ

It's up to you.

【イッツ・アップトゥ**ユー**】

英語が「スラスラわかるコツ」

英語の up は「上」といった意味ですが、「It's up to＋人.」の形で用いると、**「それは〜次第だ」「それは〜が決めてください」という意味**になります。

相手から「何時に待ち合わせする？」や「和食とイタリアンならどっちがいい？」などと聞かれて、決断を相手に委ねたいときに使うとピッタリです。

ただし、It's up to you. の多用には要注意。個性を重んじる欧米でこのフレーズを連発すると、自分の意見を持っていない人というネガティブなイメージに映ってしまいます。自分の考えがあるときは、遠慮なく言いましょう。

まだある!「すごい1行」

君がそうしたいなら……
If you want …,

相手の希望に添うときに使います。If you want to do it, を短くした形です。

わざわざ許可を得なくてもいいよ
You don't need to ask.

英語には「わざわざ」に当たる言葉がありませんが、そのニュアンスが含まれた表現です。

おっしゃるとおりにします
You're the boss.

「(あなたがボスですから)おっしゃるとおりにします」というニュアンスで使います。I'm the boss here. だと「ここでは俺の言うことを聞け」となります。

はいはい、わかりました。そうすりゃいいんでしょ
Whatever you say.

(いやいやながらも)相手の意向に添う場合に使います。

どっちでもいいよ
Either is OK.

either は [イーざ〜] と発音します。

自業自得だよ

You asked for it.

【ユー・アスクトゥ・フォリット】

英語が「スラスラわかるコツ」

言いすぎ・やりすぎ…自分のまずい言動の報いを受けることになった人に対して言う言葉です。ask for it は「自ら災難を招く（ようなことをする）」「こらしめを受ける」といった意味の慣用表現。そこから、「自業自得だ」「自分が悪いんでしょ」「自分がしたことだから仕方ないだろ」というニュアンスで使われるようになりました。You asked for trouble. と言うこともあります。

「（当然の報いだ）ざまぁ見ろ」というニュアンスをこめたい場合は、Serves you right! がピッタリです。

いずれにしても、こんな言葉、あんまり使いたくないですよね？

まだある!「すごい1行」

ほらねっ
See.

少し長めに上がり口調で(勝ち誇ったように)言うのがポイントです。

だから言ったじゃない!
I told you.

[アイ・トーォジュー] と told を強く発音します。上の see. と組み合わせて、See, I told you. と言うことも。

後悔することになるよ
You'll be sorry.

この sorry は「ごめん」ではなく、「後悔して」という意味。

一晩寝て考えたら?
Why don't you sleep on it?

Why don't you ～? は「～したらどう?」と軽く提案するときの表現。sleep on ～ で「～を一晩寝て考える」。

まさか、そんなバカなことはしないよね?
You should know better.

know better は「そんなバカなことはしない」という意味。should と一緒に言えば「そんなことはすべきでない」。

責任者を出せ!

I need to talk to your manager!

【アイ二ートゥ・トークトゥ・ヨア・マネージャ〜】

英語が「スラスラわかるコツ」

　店員の接客態度に腹を立てた客が「責任者を出せ!」と怒鳴ることがあります。これを英語で言うと、I need to talk to your manager! になります。直訳すると、「お前の責任者と話をする必要があるんだ!」という意味。これで、「責任者を出せ!」というニュアンスになるんです。manager の代わりに boss（上司）や president（社長）を出せという人もいるでしょう。

　ところで、**英語の manager は「管理する人」が基本的な意味**。「責任者」「経営者」「支配人」「(スポーツの) 監督」など、さまざまな意味で使われます。学校のクラブ活動のマネージャーは caretaker と言います。manager と言うと監督に間違えられるのでご注意を。

まだある！「すごい1行」

弁償しろ
I want compensation.

compensation は「補償」「賠償」などの意味です。[カンペンセイシャン]と発音します。

新品と交換いたします
We'll replace it with a new one.

「交換する」は replace と言います。「新品」は new one。

レシートがないとご返金できません
We can't refund you your money without the receipt.

「返金する」は refund と言います。「レシート」は receipt とつづりますが、この p は発音しません。

クレーマーから電話がかかっています
There's a complaint call from a customer.

「クレーマーからの電話」は complaint call from a customer（お客からの苦情電話）と表現します。claimer と言うと、「要求者」「原告」という意味になります。常習的に苦情電話をかけてくるクレーマーからの電話なら、a customer を our chronic customer に変えましょう。これで、「いつものクレーマーから電話がかかっています」というニュアンスになります。

あなたには関係ないでしょ!
It's not your business!

【イッツ・ナッヨア・ビズィネス】

英語が「スラスラわかるコツ」

It's not your business. などと言われると、「それはあなたのビジネスではない」と訳したくなりますが、これで、「あなたには関係ないでしょ!」という意味になります。この business は、「ビジネス」「仕事」という意味でなく、「**口出しすべきこと**」「**関係のあること**」という意味なのです。None of your business. と言うこともあります。

また、your を my に変えて、It's not my business. と言えば、「私には関係のないことだから」「私が口出しすべきことではないから」となります。他人のことについて自分がとやかく言うのを控えるときのフレーズです。

まだある！「すごい1行」

自分のことを心配しなさいよ
Mind your own business.

mind は「〜を心配する」「〜を気にする」、your own は「あなた自身の」という意味です。

余計なお世話だ！
Keep your nose out of my business!

「私に関することから君の鼻を引っ込めておけ」が直訳です。

何様のつもり？
Who do you think you are?

「君は自分がだれだと思っているんだ？」が直訳です。

いい加減にして！
That's enough!

「それで十分だ」が直訳。言いたい放題の相手に「もう聞きたくない」と言い放つときの表現です。

もう我慢できない！
I can't stand it anymore!

can't stand 〜 は「〜を我慢する」、not 〜 anymore は「これ以上〜ない」という意味です。

名刺を頂戴できますか?

May I have your card?

【メイアイ・ハヴヨア・カ～ド】

英語が「スラスラわかるコツ」

　ビジネスシーンで出番の多い名刺。非常にシンプルですが、**英語で名刺を card と言います**。business card でもOKですが、my card や your card のように「だれだれの」を表す代名詞をつければ、それだけで「名刺」の意味になります。

　相手の名刺をもらいたいときは、May I have your card? と言います。May I have ～? は「～をいただいてもよろしいですか」という丁寧な表現。your card の代わりにyour name（お名前）や your number（お電話番号）などを入れて応用できます。また、こちらから名刺を渡す場合は、Let me give you my card.（名刺をお渡しさせてください）と言います。

まだある！「すごい1行」

珍しいお名前ですね
You have an uncommon name.

uncommon は「珍しい」「まれな」という意味で、[アンカモン] と発音します。

どちらのご出身ですか？
Where are you from?

出身地を尋ねるときの定番表現です。覚えておくと大変便利です。

下のお名前は何とお読みするのですか？
How do you read your first name?

「下の名前」を first name、「名字」を last name、または family name と言います。

この番号ならいつでもつながります
I can be reached at this number any time.

この reach は「（電話で）～に連絡する」という意味。受け身で用いています。

その話、乗った！

I'm in!

【アイム・イン】

英語が「スラスラわかるコツ」

　このフレーズは、相手の誘いに対して参加する意思があることを伝えるときに使うものです。

　in は「中に入る」、つまり、**「参加する」**ことを表しています。たとえば、「チャリティバザーを計画しているんだけど、一緒にやらない？」と誘う相手に、I'm in. と言えば「その話、乗った！」となります。「仕事の後、飲みに行く人？」と挙手を求める相手に I'm in. と言えば、「はーい！」というニュアンスになります。

　また、in には「流行している」という意味もあり、Miniskirts are in this year.（今年はミニスカートが流行している）のように使います。

まだある！「すごい1行」

いいねぇ
Sounds good.

主語の That が省略された形です。

仲間に入れて
Count me in.

「私も数に入れて」が直訳です。「私ははずしておいて」なら、Count me out. となります。

今回はパス。でも次の機会にぜひ！
Can I take a rain check?

rain check は雨で試合が中止になったときに観客に渡す「雨天順延券」のこと。「順延券をもらってもいい？」、つまり、「今回はパス。でも次の機会にぜひ！」という意味になります。

また誘って
I hope there'll be another chance.

「また別の機会があることを願っています」が直訳です。相手の誘いを断りながらも、次の機会に期待していることを伝える表現です。

私ならやめるね

I wouldn't.

【アイ・ウドゥント】

👑 英語が「スラスラわかるコツ」 👑

これはすごい1行です。I wouldn't. だけで「私ならやめるね」という意味になるのですから。会話でよく使われる表現です。

ところで、この wouldn't って、そもそも何だかわかりますか。もとは、If I were you, I wouldn't do that.（私があなたなら、そうはしないだろう）という仮定法の表現だったのですが、いろいろ省略されて I wouldn't. だけが残ったわけです。

やるべきか、やめるべきか…と悩んでアドバイスを求める相手に「やめておきなよ」と言うとき、「私ならやめるね」とやわらかく、かつ、間接的に助言するときに使います。

♛ まだある!「すごい1行」 ♛

私なら買わない
I wouldn't buy it.

商品の質や値段に納得できないときに使います。

私なら彼には頼まないな
I wouldn't ask him.

この ask は「〜に頼む」「〜に依頼する」という意味。

私なら何も言わないよ
I wouldn't say anything.

not say anything は「何も言わない」という意味。

私なら再確認するけど
I would double-check it.

would だと「私なら〜するけど」という意味になります。

私なら受け入れるさ
I would take it.

take は「受け入れる」という意味です。

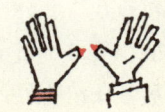

あいつとは相性が悪くて

He and I have no chemistry.

【ヒーアンダイ・ハヴノー・ケミストゥリー】

英語が「スラスラわかるコツ」

　chemistry は本来、「化学」「化学反応」といった意味です。ただ、ときには「相性」を表す言葉として比ゆ的に使われることがあります。He and I have no chemistry. と言えば、「彼と私は相性がない」、つまり、「相性が悪い」とか「肌が合わない」という意味になります。逆に、「相性がいい」という場合は、have good chemistry と表現します。

　占いなどで「相性がいい」と診断された場合に使うのが、will make a good couple（よいカップルになるだろう）というフレーズ。My horoscope says that he and I will make a good couple.（星占いによると、彼とは相性がいいらしい）のように使います。

まだある!「すごい1行」

彼女とは波長が合わないんだ
She and I aren't on the same wavelength.

wavelength は「波長」のこと。[ウェィヴレングす] と発音します。日本語と同じ発想の表現ですね。

あいつといると疲れるんだよね
He makes me tired.

この make ~ … は「~を…にさせる」という意味です。

彼女のこと大嫌い
I'm allergic to her.

直訳すると「私は彼女にアレルギーだ」となります。allergic は [アラ~ジック] と発音します。毛嫌いする人や物について使う口語表現です。

あの二人、仲よさそうに見えるけどね。
They look like good friends, though.

「仲がよさそうに見える」は look like good friends と言います。最後の though は、日本語の「~だけどね」にあたります。

任せてください!

Leave it to me!

【リーヴィッ・トゥーミー】

英語が「スラスラわかるコツ」

leave は「置いていく」「出発する」といった意味で使われる単語です。Leave it to me. だと「それを私のところに置いていって」となり、転じて、「任せておいて」というニュアンスになります。仕事をするときだけでなく、パーティの幹事やホテルの予約など、**人の代わりに何かをするときに使います。**

Can I leave it to you? だと、逆に「任せてもいい?」と相手の意向を尋ねるフレーズになります。「君に任せる」と相手に選択や決断を委ねる場合は、I'll leave it to you. と言います。また、I've left everything to my lawyer.(すべて弁護士に任せてある)のように具体的な名詞を使って表現することもできます。

🏰 まだある！「すごい1行」 🏰

これ、頼める？
Can I ask you to do this?

「これをやるようお願いしてもいいかな？」と表現します。やわらかい頼み方です。

頼りにしてるよ
I'm counting on you.

count on ～ は「～を信頼する」「～を当てにする」という意味の熟語です。

君だけが頼みの綱だから
You're my only hope.

only hope は「唯一の望み」という意味です。

早ければ早いほどいい
The sooner, the better.

「The＋比較級, the＋比較級.」で「～であればあるほど…」という意味になります。

助かるよ！
I appreciate it.

頼みごとを受け入れてもらった場合の「助かるよ」は、「感謝するよ」と表すのが自然な英語です。

気が重いよ

I feel depressed.

【アイフィーォ・ディプゥレスト】

英語が「スラスラわかるコツ」

「気が重い」とは「ゆううつである」ということ。英語では、I feel depressed. と表現します。この表現は「気が重い」のほか、**「気がめいっている」「元気をなくしている」「ふさぎこんでいる」**などの意味で使うこともできます。

「～のことを考えると気が重い」のように、具体的な理由を表す場合は、I feel depressed の後に、when I think about ～（～のことを考えると）を続けるのが一般的です。

たとえば、「（就職の）面接のことを考えると気が重い」なら、I feel depressed when I think about the job interview. となります。

まだある!「すごい1行」

明日は月曜日かぁ
Tomorrow, I'm back to the old ax and grind.

the old ax and grind は「ツライ仕事」「やりたくない仕事」という意味。これに「back する」、つまり、「またイヤな1週間が始まる」というニュアンスになります。

仕事に行きたくないな
I don't want to go to work.

don't want to ～ は「～したくない」という意味。後ろに go（行く）や meet（～に会う）などの動詞を続けます。

何が不満なの？
What are you unhappy with?

unhappy は「不満な」という意味。happy に否定を表す un- をつけた単語です。

神経がすり減りそうだ
I'm going to have a nervous breakdown.

nervous breakdown は「神経衰弱」「神経の疲れ」という意味です。病院などでは「ノイローゼ」という意味でも使われます。

何時出勤?

What time do you go to work?

【ワッタイム・ドゥユー・
ゴゥトゥー・ワ〜ク】

英語が「スラスラわかるコツ」

相手の出勤時間を尋ねるときは、一般的に What time do you go to work? と言います。

go to work を go to the office にしてもOK。what time は「何時に」、go to work は「出勤する」という意味で、do you 〜? は習慣的にしていることを尋ねるときに用います。

たとえば、「(いつも) 何時に起きますか」なら What time do you get up?、「(いつも) 何時に寝ますか」なら What time do you go to bed?、「(いつも) 何時に帰宅しますか」なら What time do you get home? となります。

まだある!「すごい1行」

今週は夜勤なんだ
I'm on the night shift this week.

「日勤」は day shift と言います。

何時に上がれそう?
What time can you get out of work?

get out of ~ は「~から出る」という意味。get out of work で「仕事を上がる」となります。

うちはフレックスタイムを導入してるよ
We have flextime hours.

「フレックスタイムで働いている」なら、I work flextime. です。

ごめん、明日は接待ゴルフなんだ
Sorry, I need to play golf with my clients tomorrow.

英語では、「する内容＋with my client(s)」で「接待」を表すのが一般的です。つまり、食事の接待なら、have dinner with my client(s) と言います。ただ、need to (~しないといけない) を使った上記の表現は誘いを断るときのもの。通常は、I'm playing golf with my clients tomorrow. と表します。

あの派遣社員は使える!

That temp is great!

【ざっテンプ・イズ・グゥレイト】

英語が「スラスラわかるコツ」

「派遣社員」を英語では、temp と言います。これは、temporary worker（一時雇用の社員）の最初の部分をとってできた言葉です。文書ではともかく、**会話では temp のほうが圧倒的によく使われます。**

ここで言う「使える」とは「すばらしい」のことです。ですから、「あの派遣社員は使える！」は That temp is great! となります。great を useful（有用な）や capable（有能な）と置き換えてもOKです。

ちなみに、「派遣会社」は temp agency と言います。「アルバイト」は part-timer です。「アルバイト」はじつはドイツ語なんですね。英語では通じないので注意しましょう。

まだある!「すごい1行」

管理職なんて嬉しくないよ
I'm not too happy with this managerial position.

「管理職」は managerial position と言います。managerial は[マネジゥリアォ]と発音。

正社員より契約社員になりたい
I'd rather work per-diem than full time.

work per-diem は「日割り計算で働く」、つまり、「契約社員として働く」となります。per-diem とは「1日につき」「日当」という意味で、[パ〜ディエム]と発音します。

部下が60人いるんだ
I manage 60 employees.

直訳すると「60人の従業員を管理している」ということ。I manage a support-staff of 60. と表現してもOK。「部下」を subordinate と言うこともありますが、無礼に響くこともあるため、使わないほうが無難でしょう。

フリーになろうかな
I wonder if it's better for me to work freelance.

「〜かな(と疑問に思う)」は I wonder 〜. と表現します。「フリーになる」は work freelance(自由契約の仕事をする)と言います。work free だと「ただ働きをする」という意味になるので要注意です。

営業部長とは
どうもウマが合わない

The sales manager and I don't get along very well.

【ざ・セイォズ・マネージャ〜・アンダイ・ドンゲッ・アロンゲ・ヴェゥリーウェォ】

英語が「スラスラわかるコツ」

「ウマが合わない」「気が合わない」は、don't get along very well と言います。

役職名の「部長」は、department manager と言いますが、「営業部長」のように部署名を用いて「○○部長」と言う場合は、sales manager のように department をつけずに言うのが一般的です。

president (社長)　　　vice president (副社長)
section manager (課長)　supervisor (係長)
branch manager (支店長)
chief manager (支配人)

ただし、役職の訳し方は会社によって違います。また、英語圏では、役職より名前で呼ぶほうが多いです。

まだある！「すごい1行」

あの人、気難しいんだよね
He's hard to please.

この please は「喜ばせる」。hard to please で「喜ばせるのが大変→気難しい」となります。

あの話し方が気に食わないんだ
I don't like the way she talks.

the way she talks で「彼女の話し方」という意味。男性の場合は she を he にしましょう。

あの人、話を聞かないんだよね
He doesn't listen.

「話を」は訳さなくてかまいません。

あの人、言うこととやることが違うからなぁ
He says one thing and does another.

「1つのことを言って別のことする」といった意味です。

この前、彼女の意外な一面を見たわ
I saw a different side of her the other day.

「意外な一面」は a different side（別の一面）と言います。the other day は「この前」「先日」のこと。

人事異動したい

I want to switch to another department.

【アイ**ワ**ントゥ・ス**ウィ**ッチトゥ・ア**ナ**ざ〜・ディ**パ**〜トメント】

英語が「スラスラわかるコツ」

「人事異動」は internal transfer(内部の異動)や personnel shuffle(人事の再編成)と言いますが、「人事異動したい」と言う場合に、これらを使うのは不自然です。この場合は、「別の部署で働きたい」と考えて、I want to switch to another department. と表現しましょう。英語では、I want to switch to the legal department.(法務部で働きたい)のように、**具体的な部署名を言うのが一般的**です。

technical D.(技術部)　　planning D.(企画部)
personnel D.(人事部)　　public relations D.(広報部)
accounting D.(経理部)

※D.はdepartment(部)の略

まだある！「すごい1行」

君は幹部候補だよ！
You're a candidate for an executive position!

candidate は「候補」、executive position は「重役の地位」という意味。candidate は［キャンディデイト］、exective は［イグゼクティブ］と発音します。

ボーナスはカットだって
They say they are cutting our bonus.

耳にしたことを伝えるときは、They say 〜. と言います。

営業部がいいなぁ
I want to work in the sales department.

この「いいなぁ」は want to work「働きたい」で表現します。

あの人の下では働きたくない
I don't want to work under him.

英語でも日本語と同じ発想をします。「あの人」が女性を指している場合は、him を her にします。

彼、リストラされたんだ

He was laid off due to company restructuring.

【ヒーワズ・**レイドォフ**・デュートゥ・
カンパニー・ゥリスト**ゥ**ラクチャゥリンヶ】

英語が「スラスラわかるコツ」

まず、このフレーズに使われている言葉の意味を確認しましょう。

was laid off は「解雇された」、due to ～ は「～という理由で」、company restructuring は「リストラ」という意味です。日本語の「リストラ」は、英語の restructuring の最初の部分だけをとったもの。「**リストラ」とだけ言っても通じません。**

さて、「解雇された」を表す言い方は2種類あります。He was laid off. は会社の都合で解雇された場合、つまり、「リストラされた」という意味です。He was fired. は、本人の勤務態度が原因で解雇された場合で、つまり、「クビになった」という意味です。

まだある！「すごい1行」

うちの会社、倒産しそうなんだ
Our company is in danger of going bankrupt.

in danger of 〜ing は「〜する危機がある」、bankrupt は「倒産」という意味です。danger は［デインジャ〜］、bankrupt は［バンクゥラプト］と発音。

うちも経営が厳しいよ
We have serious financial difficulties, too.

financial difficulties は「経済的困難」という意味です。

まだ家のローンが残っているのに
I still have home loans to pay.

to pay は「支払うべき」という意味ですが、省略しても通じます。「車のローン」なら car loans。

あの工場、閉鎖に追い込まれたんだよ
That factory had to shut down.

「あの工場は閉鎖しなければならなかった」が直訳です。「（工場や店などが）閉鎖する」「倒産する」は shut down と言います。

来月から産休に入ります

I'm taking maternity leave next month.

【アイム・テイキンヶ・マタニティ・リーヴ・ネキスッマンす】

♜ 英語が「スラスラわかるコツ」♜

「産休」は英語で、maternity leave と言います。maternity は「産婦のための」という意味。「マタニティ服」など、日本語にもなっているので知っている人も多いでしょう。leave は「休暇」という意味。「休暇は vacation なのでは？」と思うかもしれませんが、vacation は「（夏休みなどの）長期休暇」や「バカンス」を指すのに対し、**leave は「（出産や育児などの理由で、許可を得て取る）休み」**を指します。

ちなみに、childcare leave は「育児休暇」、sick leave は「病気療養休暇」、compassionate leave は「忌引き」になります。また、これらの理由で休暇中の場合は、I'm on leave. と言います。

🏰 まだある!「すごい1行」 🏰

寿退社なの
I'm quitting my job and getting married.

英語には「寿退社」にあたる言葉がありません。ですから、「仕事を辞めて結婚します」と言います。

できちゃった結婚なんだ
It's a shotgun marriage.

shotgun marriage を直訳すると「散弾銃結婚」。「妊娠した女性の父親が、相手の男性を銃で脅して責任をとらせた」ことから生まれた表現です。

子どもは少なくとも2人は欲しいな
I want at least two children.

「少なくとも」は at least と言います。

妻がもうすぐ出産なんです
My wife is expecting.

expecting は「妊娠している」「近く出産を予定している」という意味の婉曲な言い方です。

奥さん、安産だといいですね
I hope your wife has an easy delivery.

「安産」は easy delivery と言います。

明日は就職面接なんだ

I have a job interview tomorrow.

【アイハヴァ・ジャブ・インタヴュー・トマゥロゥ】

♜ 英語が「スラスラわかるコツ」♜

interviewと言うと、記者会見や街角インタビューなどを思い浮かべる人が多いのではないでしょうか。もちろん、それも正しいのですが、英語では**「面接」という意味にもよく使われます。**ですから、job interview と言えば、「就職面接」を指します。

また、「新卒採用の面接」も、I have a job interview. でOK。厳密には、「新卒」を意味するnew graduates を加えて、I have a job interview for new graduates. となりますが、アメリカなどでは新卒だけを採用する面接そのものがないのです。丁寧に訳したとしても、アメリカ人には状況を想像しづらいのが現状でしょう。

まだある!「すごい1行」

リクルートスーツを買わなくちゃ
I need to buy a suit.

アメリカにはそもそも「リクルートスーツ」というものがありません。しかも、この場合の「リクルート」は和製英語です。ですから、単に suit で十分です。文末に for the interview(面接用の)を付け加えてもOKです。

どこか社員募集してないかな
Aren't there any job openings?

job opening(s) とは「仕事の空き」、つまり、「社員募集」という意味になります。

土日休みの仕事がいいんだけど
I want to get a job with weekends off.

「土日休み」は weekends off と言います。ここでの「いいんだけど」は want to get(手に入れたい、就きたい)と考えましょう。

この年齢じゃ、条件のいい仕事はないっか
I guess it's impossible to find a job with good working conditions for people like my age.

直訳すると、「私のような年齢の人には好条件の仕事を見つけるのは不可能だろう」です。

ついてる!

Lucky me!

【ラッキー・ミー】

👑 英語が「スラスラわかるコツ」 👑

「ついてる」は、言い換えると「運がいい」ということです。Lucky me! で「ついてる！」「運がいいぞ！」という意味になります。

me を使っていることからもわかるように、このフレーズは自分に起きた幸運なできごとについて話すときに使います。

幸運話をする相手に「ついてるじゃん！」と言う場合は、me を you に換えて、Lucky you! とします。

Lucky me! と Lucky you! はいずれも、I'm lucky. や You're lucky. をより口語的にして、さらに運のよさを強調した言葉です。

まだある!「すごい1行」

まぐれだよ
I was just lucky.

just は「ただ単に」という意味。just が入ることで「まぐれ」のニュアンスになります。

ついてないよな
Tough luck.

この tough は「不運な」という意味です。

次はうまく行くって
Better luck next time.

試験に落ちた人や試合に負けた人への励まし表現です。「次はがんばって」というニュアンス。

そういうこともあるよ
That happens.

「だれにでも起こることだから気にしないで」という状況で使います。

仕方がないよ
It can't be helped.

「(そうなるのは) 仕方がない」「どうしようもない」という意味の決まった表現です。

3章
人間関係がラクになる「1行」

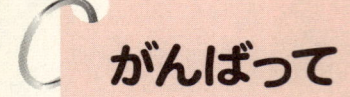

がんばって

Break a leg.

【ブゥレイカ・レッグ】

👑 英語が「スラスラわかるコツ」👑

　Break a leg. と聞くと『えっ、「足を折れ」ってこと?!』と解釈したくなりますが、じつはこれで、「がんばって」という意味になるんです。もともと舞台に立つ人に使われたのが始まりです。Good luck.（幸運を祈っているよ）のように改めて幸運を祈る言葉は不吉だと思われていたため、逆に「足を折れ」と表現して成功を祈ったのが舞台での習わしだったとか。今では、人前で演技やスピーチをする人にだけでなく、試合や試験を控えている人にも使えます。

　ほかにも、Keep it up!（その調子でがんばれ）、Do your best.（持っている力を出し切って）など、いろいろな「がんばれ」があります。

👑 まだある！「すごい1行」 👑

君ならできる
You can do it.

日本語と同じ言い方です。

うまく行くって
I'm sure you'll do well.

「あなたがうまくやれると確信している」という意味で使います。

応援してるよ
You have my support.

「あなたには私の支援がある」が直訳です。

落ち着け！
Calm down!

calm は［カーム］と発音します。

もっと楽観的に考えなよ
Look on the bright side.

「明るい方を見る」で「楽観視する」を表したフレーズです。bright side の反対は dark side です。

付き合っている人いる?
Are you seeing anyone?

【アーユー・スィーイング・エニワン】

👑 英語が「スラスラわかるコツ」 👑

　英語を見ると「あなたはだれかを見ていますか?」と訳したくなりますが、じつはコレ、**付き合っている人がいるかどうかを尋ねるときの定番表現**なんです。ここでのseeは「見る」ではなく、「異性と付き合う」という意味で使われています。ほかに、Are you going out with anyone? や Are you dating anyone? という聞き方もあります。

　一方、「付き合っている人がいます」と言うときは、I have a boyfriend. や、I have a girlfriend. と表現します。boyfriend や girlfriend は「付き合っている人」のこと。単なる男友だちや女友だちであれば、He's my friend./She's my friend. と言うのが無難です。

👑 まだある！「すごい1行」 👑

結婚してくれませんか？
Will you marry me?

プロポーズの定番表現ですね。

彼女みたいな子、タイプだなあ
She's my type.

She's my kind of woman. と言うときもあります。

あいつ、二股かけてるんだぜ
He's seeing two girls.

女性が二股をかけている場合は、She's seeing two men. です。seeing を going out with と入れ替えることもできます。

あの子、不倫してるのよ
She's having an affair.

have an affair で「不倫する」という意味。affair は［アフェア〜］と発音します。

恋人募集中です
I'm on the market

on the market は「売りに出て」という意味。ここではおどけて「恋人募集中」を表しています。I don't have a boyfriend / girlfriend. と表現してもOK。

血液型、何型？

What's your blood type?

【ワッチョア・ブラッド・タイプ】

👑 英語が「スラスラわかるコツ」 👑

「血液型」は、英語で blood type と言います。

日本では血液型による性格判断や相性診断に人気がありますが、**欧米人は血液型による分析にあまり興味がない**ようです。ですから、人に血液型を尋ねるようなことも滅多にしません。自分の血液型を知らない人も多いので、What's your blood type? と尋ねられて困惑する人もいます。

私の友人（アメリカ人）にも自分の血液型を知らない人が結構います。「血液型がわからないと輸血のときに困るでしょ？」と聞くと、「病院で調べてもらえばすぐにわかるよ」と即答する人がほとんど。「所変われば品変わる」ですね。

👑 まだある！「すごい1行」 👑

A型とO型って相性がいいんだよね
Blood types A and O get along well.

get along well は「うまくやる」という意味です。

私は典型的なB型人間です
I'm a typical blood type B.

typical は「典型的な」という意味で、[ティピカォ]と発音します。

あなたの星座は？
What's your sign?

「星座」のことを sign［サイン］と言います。

やぎ座です
I'm a Capricorn.

自分の星座は、I'm a ～. と表します。

【星座を英語にすると？】
おひつじ座：Aries　　　おうし座：Taurus
ふたご座：Gemini　　　かに座：Cancer
しし座：Leo　　　　　おとめ座：Virgo
てんびん座：Libra　　　さそり座：Scorpio
いて座：Sagittarius　　やぎ座：Capricorn
みずがめ座：Aquarius　うお座：Pisces

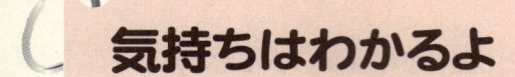

気持ちはわかるよ

I know the feeling.

【アイノウざ・フィーリング】

👑 英語が「スラスラわかるコツ」👑

苦労話や愚痴を言う相手に、I know the feeling.（気持ちはわかるよ）と言って、同情や共感を示すときの決まり文句です。I know how you feel. と言っても同じです。

また、I know. だけでも、同意や共感を表すことができます。I know. を直訳すると「知ってるよ」といった意味になりますが、実際は、「そうだよね」「ホント、わかるよ」という意味で使われることもよくあります。たとえば、I can't believe she said that to me!（彼女が私にあんなこと言うなんて信じられない！）と話す相手に I know. と返すと、「そうだよね（信じられないよね）」と相手に同調することができます。

👑 まだある!「すごい1行」 👑

気にしない、気にしない
Don't let it get to you.

「それにあなたを悩ませないで」が直訳です。

それ、それ、僕が言いたかったのは
That's what I mean.

That's を強調して言うと、「それ、それ」のニュアンスがうまく出せます。

私にも経験あるから、わかるよ
I've been there.

直訳は「私はそこへ行ったことがある」ですが、ここでの there は経験したことを指しています。I've been there myself. と言うこともあります。

決めつけないほうがいいよ
Don't be too sure.

直訳すると「確信を持ちすぎるのはやめなよ」という意味になります。早合点したり、不確かな情報を信じ込む相手に注意を促すときに使います。

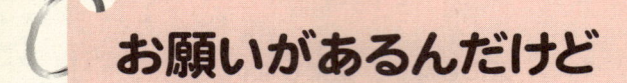

お願いがあるんだけど

Can I ask you a favor?

【キャナイ・アスキューア・フェイヴァ〜】

👑 英語が「スラスラわかるコツ」 👑

頼みごとをする際、いきなり「〜してくれる？」と切り出すのは、感じがいいものではありません。その前にまず、頼みがあることを前置きするのがマナー——というのは万国共通のようです。その定番が、Can I ask you a favor? というフレーズ。**favor は「頼みごと」「お願い」という意味**です。May I ask you a favor? と言えば、「お願いがあるのですが」と、より丁寧になります。

Can I 〜? と May I 〜? は、Iを主語にした聞き方で、いずれも動詞は ask を使っています。主語を you にして同じことを言いたいときは、動詞として doを用いて、Can you do me a favor?（カジュアル）／Would you do me a favor?（丁寧）と言います。

👑 まだある!「すごい1行」 👑

どうしたらいいかわからない
I don't know what to do.

what to do は「何をするべきか」という意味です。

アドバイスしてほしいんだけど
I need your advice.

advice は vi の部分を強く言います。日本語とは、アクセントの位置が異なるので注意しましょう。

ちょっと聞いてもいい?
Can I ask you something?

直訳は、「何か聞いてもいい?」です。

秘密は守るよ
I can keep a secret.

「秘密を守る」は keep a secret。「秘密をばらす」は reveal a secret。

あなたが私の立場だったら、どうしますか?
What would you do if you were in my shoes?

ここでの shoes は「立場」という意味です。相手が自分の立場だったらどのような行動を取るかを尋ねるときの決まり文句です。

そろそろ本題に入ろう

OK, let's get down to business.

【オウケィ・レッツ・ゲッダウントゥー・ビズィネス】

👑 英語が「スラスラわかるコツ」 👑

会議や打ち合わせで、"ちょっとした雑談"が思った以上に弾んでしまった…、そんなことってありますよね。そんなとき、盛り上がった話を本題に切り替えるのはなかなか難しいもの。そういう状況でぜひ使ってほしいのが、OK, let's get down to business. という表現です。

この business は「用件」という意味で、get down to business で「本題に入る」となります。また、ここでの**OKには、「雑談はこのくらいにして、そろそろ」というニュアンスがあります**。OKと言ってワンクッションおき、let's get down to business と続ければ、唐突感なく、すんなり本題に入ることができますよ。

人間関係がラクになる「1行」 119

👑 まだある!「すごい1行」 👑

質問のある人?
Do you have any questions?

「質問はありますか」が直訳です。

私たち、いつも話が脱線するよね
We always stray from the subject.

stray は「はぐれる」、subject は「話題」「主題」という意味です。

要するに何が言いたいの?
What's your point?

だらだら話す相手や回りくどい話し方をする相手に使います。point を強調して言います。

今日はここまで
That's all for today.

会議や授業などの最後に言う表現です。

今日はこのくらいにしておこう
Let's call it a day.

仕事やパーティなどを切り上げるときの決まり文句です。夜の場合は day を night にしましょう。call it a day / nightで「(仕事などを)打ち切る」という意味になります。

ちゃんと聞いてるよ

I'm listening.

【アイム・リスニング】

👑 英語が「スラスラわかるコツ」👑

英語の listen には、ただ「聞く」というよりも、「**注意して聞く**」「**意識して聞く**」といったニュアンスがあります。

ですから、I'm listening. と言えば、それだけで「ちゃんと聞いてるよ」といった意味になるのです。シンプルな1行ですが、深い意味があるんですね。

ちなみに、Sorry, I wasn't listening. は「ごめん、聞いてなかった」。Listen! は「ちゃんと話を聞きなさい！」といった意味になります。

hear にも「聞く」という意味がありますが、hear は「耳に入る」「（特に意識していなくても）聞こえる」というニュアンスです。

👑 まだある!「すごい1行」👑

今、何て言った?
What did you just say?

この just は「たった今」という意味です。

僕の言ってること、わかる?
Do you know what I mean?

what I mean は「僕の言うこと」「意味すること」という意味です。相手が自分の話を理解しているかどうかを確認するときの表現です。

彼って聞き上手だよね
He's a good listener.

listener は「聞く人」という意味。(ラジオの)リスナーは、日本語にもなっていますね。a bad listener と言えば「話を聞かない人」という意味です。

最後まで人の話を聞け!
Hear me out!

hear 〜 out は「〜の話や言い分を最後まで聞く」という意味の熟語です。

これからは もっと気をつけます

I'll be more careful from now on.

【アイォビー・モアケアフォ・フゥラム・ナゥオン】

👑 英語が「スラスラわかるコツ」👑

上司や先生から自分の軽率な言動を注意されて、「これからはもっと気をつけます」と誓うときがあります。そんなときの決まり文句が、I'll be more careful from now on.。「気をつける」という意味の be careful に、more（もっと）をつけて、これまでもちゃんと気をつけていたことを主張しつつ、「(今後は) もっと気をつける」という気持ちを強調しているわけです。「これからは」は from now on と言います。from now だけでもいいのですが、on が入ることで「ずっと」というニュアンスが加わります。

ちなみに、You can't be too careful. と言うと、「用心するに越したことはない」という意味になります。

👑 まだある!「すごい1行」👑

すべて私の責任です
It was all my fault.

fault は「責任」「おちど」という意味で、[フォーォト]と発音します。

余計なこと言っちゃった
I opened my big mouth.

big mouth は「ぺらぺらとしゃべる」「口が軽い」こと。

ウイスキーの勢いで言っちゃったんです
It was a whisky talking.

whisky をほかの酒と入れ替えてもOKです。

二度とこのようなことがないようにします
I promise you that I won't let it happen again.

promise ~ は「~に約束する」、let it happen は「起こさせる」という意味です。

心からお詫び申し上げます
I'd like to offer my sincerest apologies.

apologies は「詫び」「謝罪」、sincere は「心からの」という意味。ここでは最上級の sincerest を用いて、かなり丁寧に詫びています。

いいなあ

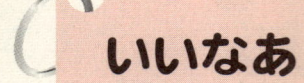

Lucky you.

【ラッキー・ユー】

👑 英語が「スラスラわかるコツ」 👑

つい他人をうらやましく思ってしまうのは、日本人だけでなくアメリカ人も同じ。The grass is always greener on the other side of the fence.（隣の芝は青く見える）ということわざからも、うかがい知ることができます。その「いいなぁ」「うらやましいなぁ」は、**英語では** Lucky you. や You're lucky. と言います。「うらやましい」を和英辞典で引くと envy とあることから、I envy you. と言う人が多いようです。けっして間違いではありませんが、envy は envy you your promotion（昇進）のように「〜の…がうらやましい」と言うときに用いることが多く、「envy＋人」の形ではあまり使わないようです。

👑 まだある！「すごい1行」 👑

（提案に対して）いいねぇ
Sound good.

「（提案が）よく聞こえる」が直訳。good を wonderful や great などと置き換えてもかまいません。

（確認する）いいの？
Are you sure?

「本当にそれでいいの？」「確かですか？」というときに使う定番表現です。

（謝られて）いいんだって
That's OK.

Don't worry about it.（そのことはもう気にしないで）と言うこともできます。

（頼みごとをされて）いいよ。
Sure.

会話でよく使われる表現で、OK. を強調した言い方です。

いいかい、だれにも言うなよ
Listen, don't tell anyone, OK?

「Listen, 命令文, OK?」で「いいかい、〜だぞ（わかったな？）」というニュアンスです。

楽しかったよ

I had fun.

【アイハド・ファン】

👑 英語が「スラスラわかるコツ」👑

「楽しかった」を英語にする場合、I enjoyed it. を思い浮かべる人が多いかと思いますが、アメリカでよく使われているのは I had fun. です。I enjoyed it. でも間違いではないのですが、**フレンドリーにネイティブっぽく表現するなら、I had fun.** が絶対にオススメ。「すごく楽しかったよ」と言う場合は、a lot of（たくさんの）を入れて、I had a lot of fun. と表します。

「楽しかった?」と相手に尋ねる場合は、Did you have fun? と言いましょう。ホームパーティやイベントなどで、主催者が招待客に「楽しんでいますか?」と尋ねるときは、現在進行形を使って、Are you having fun? と表します。一緒に覚えておくと便利です。

👑 まだある!「すごい1行」👑

めっちゃ楽しかった
I had a ball.

ここでの ball は「ボール」ではなく、「楽しい時間」という意味。親しい間柄で使われるカジュアルな表現です。

おなかを抱えて笑ったよ
It was hilarious.

hilarious は「お腹を抱えて笑うほどおもしろい」という意味。[ヒレゥリアス]と発音します。

おもしろいなんてもんじゃなかったよ
It was beyond funny.

beyond は「～を超えて」という意味。つまり、beyond funny は「おもしろさの域を超えて」という意味。これで、「おもしろいなんてものじゃない」となります。

みんなで大笑いしたよ
We had a good laugh.

この good は「かなりの」という意味で、a good laugh で「大笑い」となります。ちなみに、laugh は声を出して笑うこと。声を出さずにニコッとする笑いは smile を使います。

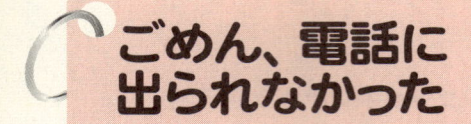

ごめん、電話に出られなかった

Sorry, I couldn't answer your call.

【ソーゥリ・アイ・クドゥント・アンサ〜・ヨアコーォ】

👑 英語が「スラスラわかるコツ」 👑

電車に乗っていたり、会議中だったりして、携帯電話に出られないことってありますよね。後でかけ直したときにサラッと言えたらカッコいいのが、Sorry, I couldn't answer your call.という表現。これで、「ごめん、電話に出られなかった」という意味になります。

ところで、「ケータイ」をはじめ、世の中にはさまざまな電話があります。あなたはいくつ英語で言えますか？

携帯電話　　　　cell phone / mobile phone
公衆電話　　　　pay phone
テレビ電話　　　videophone
固定電話　　　　conventional phone
（ホテルや空港などにある）無料電話　courtesy phone

👑 まだある!「すごい1行」👑

留守電、聞いてくれた?
Did you get my message?

この場合、英語では「聞く」ではなく、get を使います。「留守電」は単に message でOK。

メール、見てくれた?
Did you get my e-mail?

ここでも、get を使うのが自然です。「メール」は e-mail。mail だけだと「郵便物」という意味になるので注意。

電話が鳴ったの気づかなかった
I didn't hear my phone.

英語では「電話が聞こえなかった」と表します。

ケータイ換えた?
Did you change your cell phone?

「ケータイ」は cell phone と言います。cell phone は「セォ フォゥン」と発音します。

あなたってドコモ?
Do you have Docomo?

「どこの携帯使ってる?」と尋ねる場合は、Which service do you have? と言います。

絵文字なんか使うなよ〜

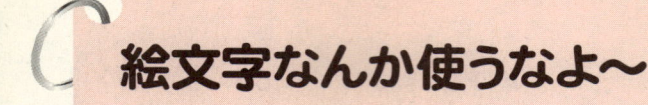

Don't use emoticons.

【ドンユーズ・イモウティカーンズ】

英語が「スラスラわかるコツ」

電子メールで使う顔文字や絵文字のことを、英語でemoticon［イモウティカーン］と言います。

日本の携帯電話やコンピュータにはキュートな絵文字や顔文字がたくさんありますが、欧米では絵文字の種類は少なく、句読点などを使ったシンプルな顔文字が主流のようです。また、下にあるように、日本の顔文字とはルックスが違います。

うれしい	:-)	不愉快	:-(
あはは	:-D	ウィンク	;-)
あっかんべー	:-P		

これらの顔文字を右に90度回してみてください。ほら、顔に見えませんか？ これが英語の顔文字です。

👑 まだある!「すごい1行」 👑

メルアド、教えて
Can you give me your e-mail address?

アドレスや電話番号を教えてもらう場合は give を使います。teach は「(教科や技術を) 教える」という意味。

これ、私のケータイ番号
This is my cell phone number.

番号を渡したり見せたりしながら言います。

俺、アドレス変わったんだ
I changed my e-mail address.

英語では、e-mail を省略しないように。省略すると住所変更になってしまいます。

返信遅れてごめんね
Sorry for the late reply.

reply は「返事」「返信」のこと。

その写真、メールで送ってくれる?
Can you attach the picture to the e-mail?

attach は「〜を添付する」という意味です。ちなみに、「添付(ファイル)」はattachment。

昇格おめでとう

Congratulations on your promotion.

【カングゥラッチュレイシャンズ・オンヨア・プゥロモゥシャン】

👑 英語が「スラスラわかるコツ」 👑

　昇格、合格、卒業、受賞などなど、がんばったことが報われた人や、努力して偉業を成し遂げた人への「おめでとう」は、Congratulations. と言います。具体的な事柄は、直後に on 〜 を続けて表現します。「試験の合格」なら on your passing the exam、「卒業」なら on your graduation となります。また Congratulations. の -s を忘れないように注意しましょう。

　誕生日や正月など、**挨拶としての「おめでとう」には Congratulations. は使えません**。「誕生日おめでとう」なら Happy birthday.、「明けましておめでとう」なら Happy New Year.、クリスマスの場合は、Merry Christmas. とそれぞれ表現します。

👑 まだある!「すごい1行」👑

昇進したよ
I got a promotion.

get a promotion で「昇進する」という意味。

給料、上げてほしいよ
I want a raise.

raise には「上げる」という意味があり、そこから「昇給」という意味で使われるようになりました。

この仕事、割に合わないな
This job doesn't really pay.

この pay は「割に合う」「引き合う」という意味。

また残業!?
I have to work overtime again?!

「残業する」は work overtime と言います。overwork（過労する）と間違えやすいので注意。

どうせサービス残業だろうな
I guess I'm working off the clock.

work off the clock は「賃金が支払われない仕事をする」、つまり、「サービス残業する」という意味。

髪切った？

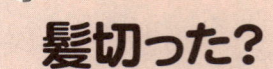

Did you get a haircut?

【ディジュー・ゲラ・ヘアカット】

👑 英語が「スラスラわかるコツ」👑

髪を切ったり、髪型やメガネを変えたり、ちょっとした変化に気づいてもらえたら、だれしもうれしいものです。相手のそんな変化に気づいたときは、**Did you ~?（～した？）**を使って質問してあげましょう。

たとえば、「髪切った？」は Did you get a haircut? と言います。Did you cut your hair? と言ってもOKです。「パーマかけた？」なら Did you perm your hair?、「髪染めた？」なら Did you dye your hair? と聞きます。「メガネ変えた？」はDid you change your glasses? と尋ねます。これらの質問に Yes の答えが返ってきたら、You look good.（似合うね）などのほめ言葉もお忘れなく。

👑 まだある！「すごい1行」👑

その髪型いいね
I like your hair.

hair の代わりに hairstyle と言ってもOK。

髪がうすくなってきたなぁ
I'm thinning on top.

thin は「うすくなる」という意味で、ここでは現在進行形で使われています。

白髪が増えてきたなぁ
I'm getting more gray hair.

英語では「白髪」を gray hair（グレーの髪）と表現します。white hair は髪全体が真っ白の場合にのみ使います。

寝癖がついてるよ
You're a bed head.

bed head は「寝癖によるボサボサ頭」という意味。Your hair is messy.（髪がボサボサだよ）と表現してもOKです。

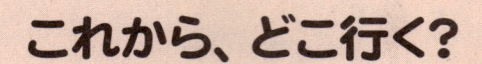

これから、どこ行く？

Where do you want to go?

【ウェア・ドゥユー・ワントゥ・ゴゥ】

👑 英語が「スラスラわかるコツ」👑

恋人や友だちと待ち合わせをしたとき、「会ってから行き先を決める」ということってありますよね。日本語では「これから、どこ行く？」と尋ねることが多いのですが、英語では**「まずは相手の意向を聞く」**感じで、Where do you want to go?（どこに行きたい？）と尋ねます。

「これから」は状況から理解できるので、英語に訳す必要はありません。あえて訳したい場合は、最後に now をつけるといいでしょう。

得意先やお見合いの相手などには、Where would you like to go? と言いましょう。内容は同じですが、響きがぐっと丁寧になりますよ。

👑 まだある!「すごい1行」👑

行きたい場所ある?
Is there any place you want to go?

Is there any place 〜? は「〜な場所はありますか」と尋ねるときの定番表現です。

何が食べたい?
What do you want to eat?

What do you want to 〜? は「何が〜したい?」と相手が望むものを尋ねるときの定番表現です。

とりあえず、お茶にする?
Let's get some tea.

状況に応じて、tea を coffee にしましょう。

映画でも観る?
Do you want to go to the movies?

「映画を観たいですか?」が直訳です。

何時までに帰ればいい?
What's your curfew?

curfew は「門限」のこと。[カ〜フュー] と発音します。「門限は何時ですか?」が直訳で、帰らなければならない時間を尋ねるときに使います。

あいつ、服のセンスが いいよな

He has good taste in clothes.

【ヒーハズ・グッテイスト・インクローズ】

👑 英語が「スラスラわかるコツ」 👑

「服のセンス」「音楽のセンス」の「センス」。sense と言いたいところですが、英語では taste が正解。「味」という意味でおなじみの taste は、**have good taste in ～** で「～の趣味がいい」を表します。have good taste in clothes なら「服のセンスがいい」、逆に、have no taste in clothes は「服のセンスがない」ということになります。

ちなみに、sense には「感覚」「意識」などの意味があり、よく「a sense of ～」の形で使われます。

a sense of directions（方向感覚）

a sense of achievement（達成感）

a sense of shame（羞恥心）

👑 まだある！「すごい1行」 👑

いいジャケット着てるね
Your jacket looks very nice.

very nice を cool（カッコいい）や beautiful（キレイ）などと入れ替えてもOKです。

それ、どこで買ったの？
Where did you get it?

「買う」を get で表すのがネイティブ的。もちろん、buy でもOKです。

いつもオシャレだね
You always look stylish.

stylish は「オシャレな」という意味です。他に、trendy（流行の服を身にまとった）、refined（洗練された）なども使えます。

そのシャツ、よく似合うよ
That shirt looks very good on you.

that shirt は単数なので look に -s が付きますが、those sunglasses（そのサングラス）や those pants（そのズボン）など複数の場合は look になります。

風邪ひいた?

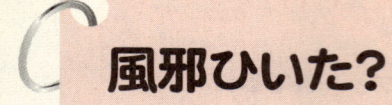

Do you have a cold?

【ドゥユー・ハヴァ・コーォド】

👑 英語が「スラスラわかるコツ」👑

「風邪ひいた?」を直訳して、Did you catch a cold? と言う人がいます。間違いではないのですが、英語では、Do you have a cold? と尋ねるほうが自然。というのも、「風邪ひいた?」というフレーズは、鼻声だったり、咳をしている人に使うのですから、**「現在の状態」**を表現している have a cold のほうがしっくりくるのです。

一方、catch a cold は、Did you catch a cold in the rain?(雨で風邪をひいたの?)や Did you catch a cold from your sister?(妹に風邪をうつされたの?)など、風邪をひいた「時」や「原因」などを表す語句と一緒に用いるのが一般的です。

👑 まだある!「すごい1行」👑

熱があるんだ
I have a fever.

「微熱」は slight fever、「高熱」は high fever と言います。

鼻声なんだ
I sound nasal.

nasal は「鼻声の」という意味で、[ネイゾォ] と発音します。

喉がムズムズする
My throat is itchy.

「ムズムズする」は itchy(かゆい)、[イチー] と発音します。

腹の調子が悪くて
I feel a little sick to my stomach.

feel sick は「調子(具合)が悪い」という意味。stomach は「お腹」のことですが、「胃」を表すこともあります。

この薬、効かないよ
This medicine doesn't work.

この work は「効く」「効果がある」という意味です。

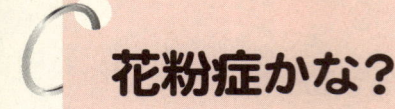

花粉症かな?

I wonder if I have hay fever.

【アイワンダ〜・イファイ・ハヴ・ヘイフィーヴァ〜】

👑 英語が「スラスラわかるコツ」👑

「〜かな?」「〜かしら?」と、**自分に問いかけたり、控えめに質問したりする場合、I wonder 〜.** を使います。たとえば、確証はないけど「花粉症かな?」という場合、I wonder if I have hay fever. と表現します。この if は「〜かどうか」、hay fever は「花粉症」のことです。

ちなみに、「花粉」は pollen。発音は[パレン]。たとえば、「スギ花粉です」は、I have hay fever caused by cedar pollen. となります。花粉症の原因となる植物が違う場合は、cedar (スギ) を、Japanese cypress (ヒノキ)、rice plant (稲)、rush (イグサ) などと入れ替えましょう。

👑 まだある！「すごい1行」 👑

目がかゆいよ
My eyes are itchy.

itchy は「かゆい」という意味で、［イチー］と発音します。

くしゃみが止まりません
I can't stop sneezing.

sneezing は「くしゃみ（をすること）」という意味です。くしゃみの音は、日本では「ハクション」ですが、英語では achoo「アチュー」となります。

鼻水が出るんだ
My nose is runny.

runny は「（鼻水などが）出ている」という意味です。

花粉症には甜茶がいいらしい
Ten-tea is good for hay fever.

「Aは〜にいい」は A is good for 〜. と表します。

この季節は花粉症の人にはツライよ
This season is tough for people with hay fever.

「花粉症の人」は people with hay fever と表します。また、tough には、一般的に知られている「タフな」という意味のほかに、「つらい」という意味もあります。

コンタクトしてる?

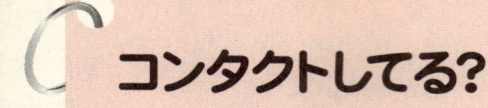

Do you wear contacts?

【ドゥユー・ウェア・コンタクツ】

👑 英語が「スラスラわかるコツ」 👑

「コンタクトレンズ」を英語で言うと、contact lens または contact。日本語と同じですね。ただ、通常は左右両方にするので、contact lenses や contacts と複数形にします。

私たち日本人には、「wear＝着る」というイメージが強いですが、じつは、**wear は身につけるものになら何にでも使えるんです**。wear contacts（コンタクトをつけている）のほか、wear glasses（メガネをかけている）、wear a hat（帽子をかぶっている）、wear jeans（ジーンズをはいている）、wear a watch（腕時計をしている）、wear perfume（香水をつけている）のように使います。

👑 まだある!「すごい1行」 👑

私、遠視なの
I'm farsighted.

「遠視」は farsighted（[ファ〜**サイ**ティッド] と発音）と言います。「近視」は nearsighted です。「乱視」は I have astigmatism.（アスティグマティズム）と言います。

左目は1.5、右目は1.2です
My left eye is 1.5 and my right one is 1.2

日本では視力を1.5や0.5のように表現しますが、アメリカでは表現のしかたが異なります。たとえば、20フィート（約6m）の距離から、指標番号20が見える場合、視力は20/20（twenty twenty と読む）となります。

最近、目が疲れやすいんだ
These days, my eyes get tired easily.

「目が疲れやすい」は「目が簡単に疲れる」と表します。

メガネの度が合わないんだよね
My glasses are too weak.

度が弱い場合は「メガネが弱すぎる」のように表現します。逆に度が強い場合は、My glasses are too strong. と言います。「度が合わない」という表現がないため、このように具体的に表します。

お疲れのようですね

You look tired.

【ユールック・タイヤ〜ド】

👑 英語が「スラスラわかるコツ」 👑

　疲れ気味の人や眠そうな人に「お疲れのようですね」と声をかけるときは、You look tired. と言います。「look＋形容詞」で「〜のように見える」「〜そう」という意味です。「かなりお疲れのようですね」なら、You look very tired.、または、You look exhausted. と言います。exhausted は「くたくたになった」という意味で、[イグゾースティッド] と発音します。
「You look ＋形容詞.」は相手への気遣い表現になることが多いので、覚えておくと重宝しますよ。

　You look busy.（お忙しそうですね）

　You look happy.（うれしそうですね）

　You look worried.（何か心配事でも？）

まだある！「すごい1行」

徹夜したんだ
I stayed up all night.

stay up は「遅くまで起きている」、これに all night をつけると「徹夜する」となります。

なかなか寝付けなくて
I couldn't get to sleep easily.

get to sleep は「寝付く」という意味。easily（簡単に）を否定文で用いると、「なかなか〜できない」というニュアンスになります。

あいつ、アクビばかりしてるよ
He's always yawning.

「アクビをする」は yawn と言います。[ヨーン]と発音します。

栄養ドリンクでもどう？
Need an energy drink?

文頭の Do you が省略された形です。「栄養ドリンク」は energy drink と言います。energy は、[エナジー]と発音します。

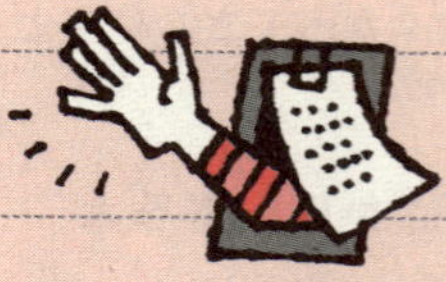

4章
プライベートが楽しくなる「1行」

とりあえずビールを5つ

Just five beers for now.

【ジャスト・ファイヴ・ビア～ズ・フォナゥ】

♜ 英語が「スラスラわかるコツ」 ♜

　居酒屋などで、「とりあえずビール！」と言う人が多いですね。英語では、Just ～ for now. と言います。「**とりあえずビール**」なら Just beer for now.。注文する数も言いたいときは、Just five beers for now.になります。

　英語では、beer（ビール）や sake（日本酒）などの飲み物は数えられない名詞なので、基本的に単数の a ～や複数の -s をつけません。ただ、レストランで注文するときは、one beer（ビールを1つ）、five beers（ビールを5つ）のように数えられる名詞として考えます。

　ちなみに、「とりあえず乾杯しよう」は Let's make a toast.、「乾杯！」は Cheers! です。

まだある!「すごい1行」

ウーロン茶の人、手をあげて
Who's having oolong tea?

Who's は Who is の短縮形です。Who's having 〜? は「〜を注文する人?」と尋ねるときに言います。

私はコーラ
I'll have a coke.

「私はコーラ」を I'm a coke.（×）と直訳しないように。注文するときは、I'll have 〜. と表現しましょう。

それ、もう一つ追加で
I'll have the same.

「私も同じものをください」と表すのが英語流。

トマトジュースってありますか?
Do you have tomato juice?

メニューにあるかどうか尋ねるときも have が便利です。

日本酒を2つ。冷やと熱燗を1つずつ
Two sakes. One chilled, one hot.

「冷や」は chilled、「熱燗」は hot と言います。

今週の金曜日、空いてる?

Do you have time this Friday?

【ドゥー・ユー・ハヴタイム・でぃス・フゥライディ】

英語が「スラスラわかるコツ」

「空いてる?」を英語にすると、「時間ある?」という言い方になります。つまり、Do you have time? と表現します。「今週の金曜日」のような「時」を表す語句は文の最後に持ってくるのが英語流。よって、「今週の金曜日、空いてる?」は Do you have time this Friday? と表します。「今夜、空いてる?」なら Do you have time tonight?、「明日の夜、空いてる?」なら Do you have time tomorrow night? とします。

視点を変えて、Are you busy this Friday?（今週の金曜日って忙しい?）と尋ねてもいいですね。聞き方は違いますが、「今週の金曜日、空いてる?」とニュアンスは同じです。

まだある!「すごい1行」

ごめん、今週の金曜日は都合が悪いんだ
Sorry, this Friday isn't good for me.

この good は「都合がよい」という意味です。

何時なら都合がいい?
What time is good for you?

「いつなら都合がいい?」と聞く場合は、What time を When にします。

7時以降なら何時でもいいよ
Anytime after seven is fine.

anytime は「いつでも」「何時でも」という意味。fine は「都合がいい」「かまわない」という意味です。

8時にハチ公前ね
Eight p.m. at Hachiko, OK?

「8時」は eight o'clock としてもOKです。時刻のあとに a.m.(午前)や p.m.(午後)を入れるとより明確に。

遅れるときは電話してね
Give me a call if you're going to be late.

「電話してね」は Call me. でもOKですが、Give me a call. とするのがよりネイティブ的。

何か飲む?

Something to drink?

【サムすぃング・トゥー・ドゥリンク】

♜ 英語が「スラスラわかるコツ」 ♜

遊びに来た友達に「何か飲む？」と尋ねるような場合、Something to drink? と言います。上がり口調でいうのがポイント。Do you want something to drink?（何か飲むものがほしいですか？）がもとの形ですが、**親しい間柄では、Something to drink? とだけ言う**のが一般的です。レストランや機内などでよく耳にする、Would you like something to drink?（何かお飲みになりますか？）は丁寧な言い方です。

このフレーズを基本にして他に、Something to eat?（何か食べる？）や（Do you have）Something to tell me?（私に言わなきゃならないことでもあるの？）などと応用することができます。

まだある!「すごい1行」

お茶がいい? コーヒーがいい?
Do you want tea or coffee?

親しい間柄で使う表現です。大事なお客さまには、Would you like tea or coffee? と言いましょう。

(コーヒーに) ミルク入れる?
With cream?

コーヒー用のミルクは cream と言います。

緑茶を頂きたいのですが
I'd like Japanese tea.

「緑茶」は Japanese tea / green tea、「紅茶」は English tea / black tea と言います。

おひとついかが?
Would you like one?

one を some にすると「少しいかが?」となります。

お代わり、もらえる?
Can I have another cup?

飲み物のお代わりは another cup (of coffee) や another glass (of water) と表します。食べ物の場合は、another helping や second helping と言います。

合コンしようぜ

Let's have a singles' mixer.

【レッツ・ハヴァ・スィンゴォズ・ミクサ〜】

英語が「スラスラわかるコツ」

「合コン」を英語にするとき、「独身の人たちが集まるパーティ」と考えて、singles' mixer と言います。mixer は「親睦パーティ」のことで、singles' party と表現してもOKです。「合コンしようぜ」は Let's have a singles' mixer / party. となります。

ところで、mixer は「混合する人（物）」という意味です。料理用の「ミキサー」、また、音楽や音声を調節する装置や担当者を「ミキサー」と言うことからもイメージできますね。この「ミキサー」を人間関係に使ったのが、「親睦パーティ」というわけです。ちなみに、He's a good mixer.（彼は人付き合いがいい）のように使うこともできます。

まだある!「すごい1行」

俺、幹事やるぜ
I can arrange the party.

arrange ～ は「～の段取りをする」「～の手配をする」という意味。「会の段取りをしてあげるよ」が直訳。

右から3番目の子、かわいいじゃん
The third girl from the right is hot!

hot は「セクシーで魅力的な」という意味の口語表現です。

あの黒いシャツの人、タイプだわ
That guy in the black shirt is cute!

guy は man(男性)のこと。cute は子どもや女性に使うと「かわいい」、男性に使うと「カッコいい」。ほかに「(好みの)タイプである」という意味でも使えます。

あのロンゲの人、ダサくない?
That guy with long hair is such a dork.

dork は「ダサイ人」のこと。[ド～ク]と発音します。

あの子、誘っちゃえよ
You should ask her out.

ask ～ out は「～をデートに誘う」という意味です。

ヤマモトさんの送別会やろうよ

Let's have a farewell party for Mr. Yamamoto.

【レッツ・ハヴァ・フェアウェオ・パ〜ティ・フォ・ミスター・ヤマモト】

英語が「スラスラわかるコツ」

　日本語の「○○会」は、英語では「○○party」と言います。パーティと聞くとフォーマルな装いで行く集まりを想像するかもしれませんが、**「送別会」や「誕生日会」なども全部、partyでOK**です。「(パーティ)をする」は have、または、throw で表します。

　パーティには、次のようなものがあります。

farewell party（送別会）　　welcoming party（歓迎会）

birthday party（誕生日会）garden party（園遊会）

year-end-party（忘年会）　　New Year's party（新年会）

retirement party（退職記念パーティ）

post-wedding party（結婚式の2次会）

bachelor party（(男性の) 独身お別れパーティ）

まだある!「すごい1行」

彼、ニューヨークに転勤なんだって
He's transferring to New York.

transfer は「転勤する」という意味です。

転勤はイヤだな
I don't want to transfer.

ここでの「イヤ」は「〜したくない」と表現するのが適切です。

昨日、辞令が出たよ
Yesterday, I received a letter of my new position.

「辞令」は letter of my new position と言います(letter の代わりに notice(通知)も可)。欧米では、「辞令が出た」という曖昧な表現より、I got a promotion!(昇進したよ)や I got the job I wanted!(希望していた仕事に就いたよ)などと表現するのが一般的です。

仕事辞めようかな
Maybe I should quit my job.

最初に maybe(たぶん)をつけることで、迷っている様子を表すことができます。「辞めたほうがいいのかも」というニュアンスです。

お待たせ〜

Sorry I kept you waiting.

【ソーゥリ・アイ・ケプチュー・ウェイティング】

英語が「スラスラわかるコツ」

友だちとの約束に遅れて、「お待たせ〜」とカジュアルに謝るときに使うフレーズです。

Sorry は「ごめん、ごめん」といったニュアンス。待たせた時間や相手との関係によって、I'm sorry（すみません）や I'm very sorry（申し訳ありません）と入れ替えましょう。

「お待たせ〜」の別バージョンに、Thank you for waiting. というのもあります。これは「待っていてくれてありがとう」という意味で、文字通り、待ってもらったことに感謝するときに使います。友だちといるときに、別の人に電話をかけたり、トイレに失礼したりして、相手を待たせたときに言うとピッタリです。

まだある！「すごい1行」

かなり待った？
Did I keep you long?

英語では、「私はあなたをかなり待たせましたか？」と表現します。

道路が渋滞してたんだ
Traffic was backed up.

traffic を Route 1（1号線）や Tomei Expressway（東名高速）などと入れ替えてもOK。

電車が遅れてさー
The train was delayed.

was delayed は「(電車やバスなどが) 遅れた」という意味です。

寝坊しちゃった
I overslept.

overslept は oversleep（寝坊する）の過去形です。

携帯を忘れて取りに戻ったんだ
I forgot my cell phone and went back to get it.

「携帯電話」は cell phone と言います。日本にいる外国人は「ケータイ」と言うこともあるようです。

何時、閉店ですか？

What time do you close?

【ワッタイム・ドゥユー・クロウズ】

英語が「スラスラわかるコツ」

閉店時間は、What time do you close?（何時に閉まりますか）と尋ねるのが英語流です。

では、開店時間を尋ねるときはどのように言うでしょう？ もう、おわかりですね。What time do you open? と聞きます。

ちなみに、看板などに書いてある**「本日閉店」**は、Closed Today. と表現します。閉店時間が過ぎても居座る客に、店の人が「すみません、もう閉店なんです」と店から出ることを促す場合は、Sorry, we're closing now. と言います。また、閉店時間ギリギリで入店しようとする客に「すみません、もう閉店なんです」と断る場合は、Sorry, we're closed now. と表現します。

まだある！「すごい1行」

ラストオーダーは何時ですか？
What time is the last order?

英語と日本語で同じ言い方をします。

定休日はいつ？
When are you closed?

「いつ閉まっていますか」が直訳です。これで「定休日」を意味することができます。

ランチもやっていますか？
Are you open for lunch?

「日曜日もやっていますか」と尋ねる場合は、Are you open on Sundays? とします。

席、予約したいんですが
I'd like to make a reservation.

「予約する」は make a reservation と言います。「席」は訳さなくてOKです。

この店、良心的な値段だよね
Their prices are reasonable.

reasonable は「（値段が）妥当な」という意味。

よぉ、久しぶり!

Hey, long time no see!

【ヘーイ・ロング・タイム・ノー・スィー】

♛ 英語が「スラスラわかるコツ」 ♛

「久しぶり」と言うときにアメリカ人がよく使うのが、Long time no see! という表現。**文法的に正しいとは言えませんが、慣用表現として定着しています。**

一説によると、「久しぶり」を中国語にした「好久不見」を、中国人が英語に直訳したのが始まりだとか…。実話かどうかはさておき、これは親しい間柄で使う口語表現です。ですから、それほど親しくない人、目上の人、仕事関係の人には使わないほうが無難。そのような人たちには、Hi, I haven't seen you for a long time.(こんにちは。しばらくお会いしていませんでしたね)と言うほうがいいでしょう。これで、「あらっ、お久しぶりです」というニュアンスです。

まだある！「すごい1行」

まぁ、こんなところで会うなんて！
Well, look who's here!

「あら、だれかと思ったら！」と言うときにも使えます。

元気にしてた？
How have you been?

最後に会ったときから現在までの様子について尋ねる表現。現在の様子は、How are you?（元気？）を使います。

どれくらいぶりだっけ？
When was the last time we saw each other?

直訳すると「最後に会ったのはいつでしたか？」。友達同志に限らず、ビジネスシーンでも使えます。

ちっとも変わってないね
You haven't changed a bit.

a bit は「少し」という意味。否定文で用いると、「少しも〜ない」となります。

仕事、順調？
How's work?

直訳すると「仕事はどうですか？」。これで「うまくいっている？」のニュアンスが出てきます。

今日はおごるよ

Today, it's on me.

【トゥデイ・イッツ・オンミー】

英語が「スラスラわかるコツ」

「(食事などを) おごるよ」を英語でどう言うのか、知らないと見当もつきません。でも、英語はとても簡単！ It's on me. でいいんです。この on には「〜のおごりで」「〜の費用で」という意味があります。

「(この前おごってもらったから) 今日はおごるよ」と言う場合は、Today, it's on me. とするのがいいでしょう。最初に today を持ってきて「今日は」を強調するわけです。

ちなみに、店主が This drink is on the house. のように言うことがありますが、これは、「このドリンクは店のおごり (＝無料) です」という意味。この場合の house は「店」を指しています。

まだある!「すごい1行」

次は私のおごりね
The next time is on me.

おごってもらったときに言います。

では、お言葉に甘えて
If you insist.

「(どうしてもと言うなら) お言葉に甘えることにします」というニュアンスです。相手の申し出に従うときに使います。

彼って、ホント太っ腹よね
He's really generous.

generous は「気前のよい」「寛大な」という意味で、[ジェネゥラス] と発音します。

たまにはランチぐらいおごってよ〜
You could buy me lunch sometimes.

笑顔で冗談っぽく言うのがポイント。無表情に言うと失礼な表現になるので注意。

もう、ケチなんだから
You're cheap.

「安い」「安っぽい」という意味の cheap には「ケチな」という意味もあります。

10人だけど入れますか?

Do you have a table for ten?

【ドゥユー・ハヴァ・テイボォ・フォ〜・テン】

英語が「スラスラわかるコツ」

レストランへ大勢で行ったときによく、「10人だけど入れますか」といった聞き方をします。英語ではこれを、Do you have a table for ten?(10人用のテーブルはありますか)と表現します。日本人と感覚が違うところですね。**for の後ろに数字を入れて、人数を表すわけです。**

禁煙席を希望する場合は、table の前に non-smoking(禁煙の)を入れて、Do you have a non-smoking table for ten? と言いましょう。

「喫煙席ならご用意できますが」などと言われて、「それでかまいません」と答えるときは、That's fine. と言います。

まだある!「すごい1行」

窓際の席がいいのですが
We'd like a table near a window.

「窓際の席」は table near a window と言います。レストランでの「席」は table と表しましょう。

禁煙席が空くまで待ちます
We'll wait for a non-smoking table.

英語では、「禁煙席を待ちます」と表現するのが自然です。

個室はありますか?
Do you have a private room available?

「個室」は private room と言います。available は「利用できる」「空いている」という意味。

席を替えてもいいですか?
Can we change tables?

Can を Could にすると「替えてもよろしいですか」という丁寧な表現になります。

このテーブル、くっつけてもいいですか?
Can these tables be put together?

テーブルを主語にした受け身表現です。

メニュー取って

Can you pass me the menu?

【キャニュー・パスミー・ざメニュー】

英語が「スラスラわかるコツ」

何かを取ってもらうときは、Can you pass me the 〜? と言います。

pass は「〜を手渡す」「〜を回す」という意味です。親しい間柄では、「メニュー取って」を Pass me the menu. と言うこともあります。

ところで、遠くにあるものを取るとき、日本人は手を伸ばして自分で取ることが多いですが、これは欧米ではマナー違反になります。ましてや人の前に手と体を伸ばすのは大変無礼です。

ひじを伸ばさないと取れないところにあるものは、Can you pass me the 〜? を使って取ってもらうのがスマートです。

まだある！「すごい1行」

これ頼んだのだれ？
Who ordered this?

ここでの「頼む」は order（注文する）。

これ、頼んでないんですけど
This isn't what we ordered.

この what は「what 以下で説明しているもの」を指します。what we ordered で「私たちが注文したもの」の意味。

これってしょうゆ？ ソース？
Is this soy sauce or Worcester sauce?

「しょうゆ」は soy sauce、「ソース」は Worcester sauce。Worcester は［ウスタ〜］と発音。英語では、しょうゆやドレッシングなど液体の調味料はすべて sauce になります。

とりあえず以上です
That's all for now.

That's all. は「以上です」「これで終わり」という意味の決まり文句です。

おしぼりをもう1つお願いします
Another wet towel, please.

another は「もう1つ」という意味です。

車だから飲めないんだ

I'm not drinking because I have to drive.

【アイムナッ・ドゥリンキング・ビカーズ・アイハフトゥ・ドゥライヴ】

♛ 英語が「スラスラわかるコツ」 ♛

日本語では「車だから飲めない」と言うことが多いのですが、英語では I'm not drinking because I have to drive.（運転しなくちゃならないから飲まない）と表現します。**drink は、後に飲み物が続かないと「お酒を飲む」ことを意味します。**これは日本語と同じですね。

ちなみに、「飲酒運転はダメ」は、Don't drink and drive. と言います。「飲料水」は drinking water、公園やデパートなどに設置されている「噴水式水飲み器」は drinking fountain と言います。また、水道のところに書かれている Good for drinking. は、「この水、飲めます」という意味です。

まだある！「すごい1行」

よ～し、ガンガン飲むぞ
I'm going to get smashed.

直訳すると、「酔っぱらう（まで飲む）ぞ」となります。smashed は「酔っぱらって」という意味の口語表現です。

ビール1杯で酔ったのか!?
Just one beer made you drunk?!

drunk は「酔っぱらって」という意味です。

ほらっ、もっと飲め
Here, have some more.

Here, は何かを差し出すときの「ほら」「さぁどうぞ」に当たります。ただ、欧米人は自分のペースで飲みます。人のグラスが空になっても、日本人のように注いであげたり飲むことを強要したりすることはまずありません。

彼って飲むと人が変わるよね
He becomes a different person when he gets drunk.

「飲む」とは「酔うこと」と考えて、get drunk と表します。この表現は、よい意味（明るくなる、など）、悪い意味の両方に使えます。

これ、マジでおいしい!

This is really good!

【でぃスィズ・ウリーリィ・グッド】

英語が「スラスラわかるコツ」

「おいしい」は delicious や tasty のほか、**会話ではよく good を使います**。good と聞くと「よい」という意味を思い浮かべる人が多いと思いますが、食べ物や飲み物について使うと「おいしい」という意味になります。くだけて、yummy（[ヤミー] と発音）と言う子どもや女性もいます。「マジで」は「本当に」と考えて、英語では really を使います。

ちなみに、delicious は「非常においしい」という意味です。つまり、delicious = very good / very tasty です。「おいしい」と伝えるときに、Good taste. と言う人がときどきいますが、これだと「趣味がいい」という意味になるので注意。(It) Tastes good. ならOKです。

まだある!「すごい1行」

これ、味が濃くない?
Don't you think this is strongly seasoned?

「(食べ物の)味が濃い」は strongly seasoned と言います。スープやカレーが「どろりとして濃い」場合は thick です。

脂っこいなぁ
It's greasy.

greasy は「脂っこい」という意味で、[グゥリースィ]と発音します。oily([オイリー]と発音)も可。

この店、量が少ないね
Their portions are small.

portion は「(一皿分の)料理の量」のことです。

「おふくろの味」って感じだな
This reminds me of my mom's cooking.

remind は「思い出させる」という意味。全体で、「これは母の料理を思い出させる」となります。ちなみに、アメリカで「おふくろの味」と言えば、アップルパイです。

お酒、強いねー

You can really hold your liquor.

【ユーキャン・ウリーリィ・ホーォジョア・リカ〜】

英語が「スラスラわかるコツ」

「お酒が強い人」のことを、英語では hold 〜's liquor と表現します。〜'sには、主語がIのときは my、you のときは your、he のときは his、she のときは her をそれぞれ入れます。hold は「(容器や部屋などが、中に飲み物や人を)入れる」といったような意味です。これを「(人がお酒を)入れる」と考えて、「お酒を入れても酔わない→お酒が強い」となったわけです。

ほかに、You can drink really a lot.(たくさん飲めるね)と表現することもできます。「このお酒、強いね」といったように、人ではなく酒の度数を指す場合は、This sake is strong. のように言います。

まだある!「すごい1行」

僕、飲めないんだ
I don't drink.

英語では「飲まない」と表現。I can't drink. だと、医者から止められていて「飲めない」というニュアンスになります。

ほろ酔い加減になったわ
I'm tipsy.

tipsy は「少しだけ酔った」という意味で、特に女性が使います。[ティプスィ] と発音します。

俺、完全にしらふだよ
I'm totally sober.

totally は「完全に」、sober は「しらふの」という意味。[ソウバ～] と発音します。

今朝は二日酔いなんです
I have a hangover this morning.

「二日酔いなんです」は have a hangover と言います。

酒くさいよー
You have liquor on your breath.

直訳は、「あなたの息に酒がのっている」です。

風水に凝ってるの

I'm into feng shui.

【アイム・イントゥー・ファング・シュウェイ】

英語が「スラスラわかるコツ」

あなたなら「〜に凝っている」を英語でどう言うと思いますか？ 意外にわかりませんよね。

じつはとても簡単。I'm into 〜.でいいんです。into は「〜の中へ」という意味ですが、I'm into 〜.と言えば、「自分が興味のある物の中に入っている」となり、そこから「〜に凝っている」や「〜にハマっている」という意味になります。

「(中国の) 風水」は feng shui と言います。中国語をそのまま用いて、[ファング・シュウェイ] と発音します。

まだある!「すごい1行」

黄色は金運アップ
Yellow is a lucky color for money.

「黄色はお金のラッキーカラー」が直訳です。

おみくじ買おうよ
Let's draw an omikuji.

「おみくじ」は omikuji でいいでしょう。「おみくじって何?」と聞かれたら、fortune slip(占いの紙)と言えばOK。

この星占いって、当たるのよね～
This astrology is quite accurate.

「星占い」は astrology と言います。accurate は「正確な」という意味で、[アキュゥレット] と発音します。

占い師にみてもらったんだ
I had my fortune told by a fortuneteller.

fortune は「運勢」、fortuneteller は「占い師」のことです。fortuneteller は fortune(運勢)と teller(言う人)を組み合わせてできた単語です。

携帯小説、読んだことある?

Have you ever read an online novel?

【ハヴユー・エヴァ〜・ウレッダン・オンライン・ナーヴォ】

英語が「スラスラわかるコツ」

「〜したことがありますか」と、**相手の経験を尋ねる場合**、Have you ever 〜? を使います。〜の部分は動詞の過去分詞形(see-saw-seen の seen や、speak-spoke-spoken の spoken など)がきます。例文のように、「読んだことがありますか」と聞く場合は、Have you ever read とします。このreadは過去分詞形なので、[ゥリード]ではなく、[ゥレッド]と発音することに注意。「携帯小説」は online novel と言います。

Have you ever eaten 〜?(〜を食べたことがありますか)や Have you ever been to 〜?(〜へ行ったことがありますか)も覚えておくと便利です。

まだある!「すごい1行」

あの子、ブログを更新してたよ
She updated her blog.

「〜を更新する」は update 〜 と言います。

私もホームページ、作りたいな
I want to make my own homepage, too.

英語では、my homepage より my own homepage とする方が自然です。この own は「自分自身の」という意味で、my を強調するときに使います。

このメルマガ、有料なの?
You have to pay for this e-zine?

「メルマガ」は e-zine と言います。e- は electronic(電子の)、-zine は magazine(マガジン)からきています。通信や社報のようなメルマガは、newsletter と言います。

だれか、コンピュータに詳しい人知らない?
Do you know anyone familiar with PCs?

familiar は「詳しい」という意味です。日本語では「(パーソナル)コンピュータ」を「パソコン」と短縮しますが、英語では PC(personal computer)と表します。

いま、何時ですか？

Do you have the time?

【ドゥユー・ハヴざ・タイム】

英語が「スラスラわかるコツ」

人に時間を聞く「定番表現」で真っ先に思い浮かぶのは、What time is it now? ではないでしょうか？ ただ、コレだと、「いま何時だ？」という少々ぶしつけな意味合いになります。そこで、ぜひ覚えておいてほしいのが、Do you have the time? という表現。「いま、何時ですか？」「お時間わかりますか？」というニュアンスで、日常的によく使われます。見知らぬ人に時間を聞くときは、最初に Excuse me, (すみません) と言ってから、このフレーズを続けましょう。

ちなみに、theを取った **Do you have time?** は「時間ある？」「今ひま？」という意味です。ナンパしていると誤解されるのでご注意を。

まだある！「すごい1行」

僕の腕時計、5分進んでいるよ
My watch is five minutes fast.

「（時計が）進んでいる」は fast を使います。逆に「（時計が）遅れている」場合は slow です。

遅刻するなよ
Don't be late.

late は「遅れた」「遅刻した」という意味です。

あいつは時間にルーズだからな
He isn't punctual.

punctual は「時間厳守の」という意味。［パンクチュアォ］と発音します。

それは時間の問題だよ
It's just a matter of time.

It's just a matter of 〜. は「それは〜の問題」という意味。

あっ、もうこんな時間だ
Look at the time!

time を強調しながら時間の経過に驚いたように言うのがポイント。普通に言うと、文字通り、「時間を見て」となってしまうので注意しましょう。

お勘定!

Check, please.

【チェック・プリーズ】

♛ 英語が「スラスラわかるコツ」 ♛

英語の check には、「確かめる」のほかに、「(レストランやバーの) 伝票」という意味があります。つまり、Check, please. と言えば「お勘定!」や「おあいそ!」となるのです。May I have the check, please?(お勘定をお願いします)を略した言い方です。

ところで、注文をしたり、勘定をお願いしたりする際、日本では通りがかった店員に声をかけますが、欧米でそれをするのはタブー。欧米では、ウエイターやウエイトレスの担当テーブルが決まっているため、用事があるときは、自分のテーブルを担当する店員に声をかけます。その店員のチップに大きく影響することなので、くれぐれもご注意を。

まだある!「すごい1行」

そろそろ出ようか？
Let's get the check.

「勘定してもらおうか」と表現します。

割り勘にしよう
Let's split the bill.

split は「〜を分ける」、bill は「請求書」のこと。split the bill は「割り勘にする」という意味の熟語です。

このクーポン券、使えます？
Can we use this coupon?

一人のときは I、一緒にいる仲間も含めるときは we を使います。coupon は［クーパン］、または［キューパン］と発音します。

ビザカードは使えますか？
Do you take Visa?

この take は「〜を受け入れる」という意味です。

二軒目はカラオケにしない？
Do you want to go to karaoke next?

「次はカラオケに行く（行きたい）？」が直訳です。

一人いくら?

How much is it per person?

【ハウマッチ・イズィット・パ〜パ〜スン】

🏰 英語が「スラスラわかるコツ」🏰

　何人かでレストランやカラオケに出かけたときなど、一人がまとめて払い、あとで他の人からお金を回収する、ということがよくありますよね。そんなときに便利なのが、How much is it per person? という表現。これで、「一人いくら？」という意味になります。

　per は「〜につき」「〜あたり」という意味で、**per person** で「**一人あたり**」となります。ホテルやカラオケではper room（ひと部屋）、ガソリンスタンドではper liter（1リットルあたり）、アルバイトではper hour（時給）や per day（日給）などがよく使われます。「per + 単位を表す単語」は覚えておくと重宝しますよ。

まだある!「すごい1行」

一人3,000円ずつね
It's 3,000 yen per person.

3,000は three thousand と読みます。yen は[エン]ではなく、[イエン]と発音しないと通じません。

1万円くずせる?
Can you break a 10,000?

「くずす」は break と言います。このaは1万円札1枚を表しています。10,000は ten thousand と読みます。10,000のあとに yen が省略されています。

だれか500円玉2枚ある?
Does anyone have two 500 yen coins?

Does anyone 〜 ? は「だれか〜な人はいますか?」という意味です。「硬貨」は coin、「札」は bill と言います。

5千円でおつりある?
Do you have change for 5,000 yen?

この change は「おつり」という意味です。yen を省略してもOKです。

タクシー拾おうよ

Let's catch a cab.

【レッツ・キャチャ・キャブ】

英語が「スラスラわかるコツ」

「〜しようよ」と提案したり、誘ったりするときは、Let's 〜. が便利です。「タクシー拾おうよ」なら、Let's catch a cab. となります。Let's get a cab. と言うこともできます。

cab はフランス語の cabriolet（キャブリオレー）の省略形です。cabriolet とは、一頭の馬に引かれた幌付きの二輪馬車のこと。cab は口語でよく使われますが、taxi と入れ替えてもOKです。

ちなみに、「タクシーで行く」は take a cab/taxi、「タクシーを呼び止める」は hail a cab/taxi、「タクシーを呼んでいただけませんか」は Would you call me a cab/taxi? と言います。

まだある！「すごい1行」

電車のほうが速くない？
Isn't the train faster?

faster は fast（速い）の比較級で、「より速い」という意味です。

早めに出ようか？
Let's leave early.

「（時間的に）早い」は early と言います。

現地で時間をつぶせばいいじゃん
We can kill time there.

「時間をつぶす」は kill time と言います。

ラッシュアワーは避けたほうがいいよ
We should avoid rush hour.

「〜を避ける」は avoid と言います。[アヴォイド]と発音します。

東京駅で降ろしてくれる？
Can you drop me off at Tokyo Station?

「〜を…で降ろす」は「drop 〜（人）at …（場所）」と表現します。逆に、「〜を…で（車やバイクで）拾う」は「pick 〜（人）up at …（場所）」です。

ものすごい雨だ

It's raining cats and dogs.

【イッツ・ウレイニング・キャッツァンドーグズ】

♛ 英語が「スラスラわかるコツ」 ♛

It's raining が「雨が降っている」という意味なのは理解できますが、その後ろに cats and dogs が続くとどうして「ものすごい雨」になるのか、不思議ですね。諸説あるなかでも、**「昔、ネコは雨を、イヌは嵐を呼ぶと信じられていた」**という説が有力です。つまり、「ネコとイヌがたくさんいる」＝「ものすごい雨」「どしゃ降り」となったというものです。

このほか、It's raining heavily. や It's pouring. も「どしゃ降り」という意味になります。また、「小雨」は sprinkle、「霧雨」は drizzle、「にわか雨」は shower と言います。

雨の降り方を表す表現もさまざまですね。

まだある!「すごい1行」

明日の天気、わかる?
Do you know the weather tomorrow?

weather は「天気」のこと。[ウエざ〜]と発音します。

雪が降るらしいよ
They say it'll snow.

話に聞いたことを伝えるときは、They say で文を始めます。この snow は「雪が降る」という動詞。

晴れのち曇り
Fair, later cloudy.

天気予報では、fair で「晴れ」を表すことがよくあります。会話では sunny や beautiful が一般的。

曇り時々雨
Cloudy, with occasional rain.

天気予報の「時々〜」は with occasional 〜 と表します。occasional([オケイジョナォ]と発音)は「時々の」。

ところにより、にわか雨
Partly shower.

partly は「部分的に」という意味。つまり、「ところにより」ということ。

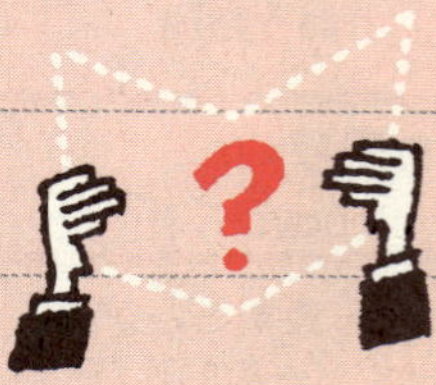

5章
気がきく人になる「1行」

お先にどうぞ

After you.

【アフタ〜・ユー】

👑 英語が「スラスラわかるコツ」 👑

「どうぞ」を英語にするとき、なんでもかんでも Please. と言う人がいますが、これは×。というのも、日本語の「どうぞ」にはいろいろな意味があるからです。それに対し、英語の please は、頼みごとや注文をするとき、**「お願いします」と丁寧さを出す「どうぞ」の意味で使います。**ですから、「どうぞ」を英語で言う場合、状況に応じて表現を使いわけなければなりません。

たとえば、エレベーターや改札口などで相手を先に通してあげたり、相手に先に発言させてあげたりするときなどの「お先にどうぞ」は、After you. と言います。直訳すれば「（私は）あなたの後（でいいですよ）」という意味。これで「お先にどうぞ」になるのです。

👑 まだある!「すごい1行」👑

(「コレ、使っていい?」などと聞かれて) どうぞ
Sure.

この sure は「もちろんです」というニュアンス。

(部屋をノックされて) どうぞ、お入りください
Come on in.

Come in. だけでもよいのですが、ネイティブスピーカーはよく Come on in. と言います。

(プレゼントを渡すときに) これ、どうぞ
This is for you.

「これ、あなたに」が直訳です。

(商品などを手渡すときに) どうぞ
Here you are.

物を渡すとき、日本人は何も言わないことが多いのですが、Here you are. と言って手渡すと好印象に。

どうぞ、ご自由にお取りください
Help yourself.

「自分自身を手伝ってください」が直訳ですが、これで「ご自由にどうぞ」という意味になります。とくに、何かをもらってもよいかと尋ねられたときの返事として使います。

つまらないものですが…

I hope you like it.

【アイホゥプ・ユーライキット】

👑 英語が「スラスラわかるコツ」👑

日本では、贈り物やお土産を渡すとき、「つまらないものですが」や「お口に合うかわかりませんが」と言うことが少なくありません。ただ、これらをそのまま英語にすると、「つまらないものをどうしてプレゼントするの？」と疑問に思われてしまいます。

日本で美徳とされる謙遜や遠慮は、欧米では通用しません。むしろ、ポジティブな表現をしたほうがよいのです。こういう場合も I hope you like it.（気に入ってもらえると嬉しいです）と言うのが英語流。「お口に合うか…」もこの表現でOKです。本当に「ちょっとしたもの」と言う場合は、This is a little something for you. と表現しましょう。

👑 まだある！「すごい1行」 👑

ステキなお家ですね
You have a very nice house.

「ステキな家をお持ちですね」と表現します。

広くていいなー
Wow, it's large!

「うわぁ、広い！」が直訳です。この場合の「広い」は large か big で表します。wide は「幅が広い」という意味なので注意。

ゆっくりしていって
Please stay as long as you like.

stay as long as you like は「好きなだけ長く居る」という意味です。

どうぞくつろいで
Please make yourself at home.

「我が家のようにくつろいでください」という意味の決まり文句です。

いつでもお立ち寄りくださいね
Please come to my house any time.

ここでの「立ち寄る」は come to my house でOK。

行ってきまーす

I'm going now.

【アイム・ゴウイング・ナゥ】

👑 英語が「スラスラわかるコツ」 👑

驚く人が多いのですが、じつは英語にはこのような挨拶表現がないのです。どうしても英語で「行ってきまーす」と言いたい場合は、I'm going now. や I'm leaving now.（これから出かけます）と言うのが近い意味になるでしょう。

ネイティブスピーカーは、See you later.（じゃあね）や、Bye.（バイバイ）としか言わない人がほとんどです。日本人からすると、なんだか物足りない気がするかもしれませんが、これでOKなんです。

また、「行ってらっしゃい」も同様に、英語には決まった表現がありません。外出先から戻ってきて、「ただいま」や「おかえり」と言う場合も同じです。

👑 まだある！「すごい1行」 👑

行ってらっしゃい
a) See you later.（じゃあね）
b) Have fun.（楽しんできてね）
c) Good luck.（がんばってね）

普通は a）のように言いますが、友だちの家やパーティなどに出かける人には b）が適切です。面接や試合などに出かける人には c）がいいでしょう。

ただいま
a) Hi.（やぁ）
b) I'm home.（帰ったよ）

人に会ったときに言う Hi は「ただいま」の意味に使われることもあります。日本語の「ただいま」に一番近いのは、b）の I'm home. です。

おかえり
a) Hi.（やぁ）
b) How was your day?（どんな1日だった？）
c) Welcome back home.（よく帰ってきたね）

「ただいま」と同様、Hi. が「おかえり」を表すこともあります。b）のように質問して、今日1日の出来事を話すこともあります。長い間留守にしていた家族には c）のよう言ってもいいですね。

いただきます

Let's eat.

【レッツ・イート】

👑 英語が「スラスラわかるコツ」 👑

英語には「いただきます」に当たる決まった表現がありません。何も言わずに食べ始める人が少なくないのです。ただ、例外は熱心なキリスト教徒。彼らは、食事をする前に grace（食前の祈り）をします。

あえて「いただきます」を英語に訳すと、Let's eat.（さあ、食べましょう）というのが1つの言い方です。視点を変えて、Looks good.（おいしそう）とほめたり、料理を作ってくれた人に Thank you for cooking.（料理してくれてありがとう）とお礼を言うのも丁寧でいいですね。食事に招かれて「どうぞ召し上がれ」と言われた場合は、Thank you. が「いただきます」になります。

👑 まだある!「すごい1行」👑

ごちそうさま
It was very good.

英語には「ごちそうさま」に当たる決まった表現がないので、「とてもおいしかったです」と表現します。このあとに Thank you. とお礼も言えたら◎です。

ご飯ですよ
Dinner is ready.

夕食の場合のフレーズです。朝食の場合は、dinner を breakfast にします。

ご飯なに？
What's for dinner?

昼食の場合は、dinner（夕食）を lunch にしましょう。

おなかペコペコ
I'm starving.

「餓死しそう」が直訳です。starving は [スタ〜ヴィング] と発音します。

おなかいっぱい
I'm full.

full の代わりに stuffed [スタッフト] と言ってもOKです。

お先に失礼します

See you.

[スィーユー]

👑 英語が「スラスラわかるコツ」👑

英語圏には「お先に失礼します」という言葉がありません。「先に帰る」からと言って、あえて「お先に失礼します」と口にする習慣がない、と言ってもいいかもしれません。「お先に失礼します」は、「自分だけ先に失礼するのを申し訳ない」と思う、グループ社会独特の発想です。個人主義の欧米では、自分の仕事が終われば帰るのも自由。だから、「お先に失礼します」という発想がないのです。

どうしても「お先に失礼します」と言いたいなら、See you. でOK。状況に応じて、See you tomorrow. (じゃ明日) や Have a good evening. (よい夜を) などと言うこともできます。

👑 まだある！「すごい1行」 👑

お疲れー
Bye.

「お疲れ（様）」に当たる決まり文句はありません。「よくやったね」というニュアンスなら Good job. もOK。

XY社を回った後、直帰します
I'm going straight home after visiting XY company.

「直帰する」は go straight home（まっすぐ家に帰る）と表現します。

残業してくれるか？
Can you work overtime?

「残業する」は work overtime（時間を超過して働く）と言います。

明日、有給を取りたいのですが
I'd like to take a day off tomorrow.

take a day off は「1日休みを取る」という意味です。英語では上記のように表現するのが一般的ですが、あえて「有給」と言いたければ、a paid day off や a day off with pay と表現します。

よろしくお願いします

I'm excited to work with you.

【アイム・エキサイティットゥー・ワ〜ク・ウィずユー】

👑 英語が「スラスラわかるコツ」 👑

英語には「よろしくお願いします」に当たる決まり文句がありません。そのため、「よろしくお願いします」が表す内容を具体的に表現します。たとえば、新しい会社で自己紹介をした最後に言う「よろしくお願いします」は、I'm excited to work with you.(みなさんと仕事をご一緒できることにワクワクしています)のような表現が妥当。名刺交換の際の「〜と申します。よろしくお願いします」は、My name is 〜. Nice to meet you. と言うのが自然です。「後は私がやっておきましょうか?」などの申し出に対する「よろしくお願いします」は、Thank you.(ありがとう)で十分です。

👑 まだある!「すごい1行」👑

イトウは席をはずしております
Mr. Ito isn't here right now.

最初に I'm afraid（あいにく）をつけると、より丁寧に。英語では、社外の人に社内の人のことを言うときでも、Mr. や Ms. をつけます。

用件を承りますが
Would you like to leave a message?

Would you like to ～? は「～なさいますか」という丁寧表現。leave a message は「伝言を残す」という意味です。

申し伝えます
I'll tell him.

「申し伝える」という丁寧表現がないので、tell（伝える）でOKです。伝える相手が女性の場合は、him を her にしましょう。

かしこまりました
Yes, sir.

sir は目上の人や客など、丁寧に応対する必要のある男性に用いる呼びかけです。相手が女性の場合は ma'am にします。sir や ma'am は日本語の「お客様」という呼びかけに似ていますが、英語では客に限らず、上司や先生、見知らぬ人にも使うことができます。

いろいろ
お世話になりました

Thank you for everything.

【センキュー・フォ・エヴュリすぃング】

👑 英語が「スラスラわかるコツ」 👑

「いろいろとお世話になりました」は日本語独特の表現。「いろいろとありがとうございました」と同じような意味ですから、Thank you for everything. と言うのが妥当でしょう。「大変お世話になりました」の場合は、Thank you very much…にします。

Thank you for 〜. は「〜をありがとう」という意味で、Thank you for your e-mail.（メールをありがとう）や Thank you for the dinner.（夕食、ごちそうさまでした）といった感覚で使います。「〜してくれてありがとう」と言う場合は、〜に動詞の -ing 形を入れ、Thank you for coming.（来てくれてありがとう）のように言います。

👑 まだある!「すごい1行」👑

何とお礼を申し上げたらいいのやら
I can't thank you enough.

「十分な感謝ができない」が直訳です。受けた好意に対して、それに見合う十分な感謝ができないという意味です。

心から感謝しています
I really appreciate it.

appreciate は「感謝している」という意味です。appreciate it は [アプゥリーシエイリッ] と発音するのがネイティブ的。

恩に着るよ
I owe you.

owe は「〜に借りがある」という意味で、[オゥ] と発音します。I owe you one.(ひとつ借りができちゃったね)と言うこともあります。

とりあえず、ありがとう
Thanks anyway.

こちらの要求が満たされなかったものの、とりあえずお礼を言っておく状況で使います(たとえば、道を尋ねたものの、相手も知らなかったときなど)。

(お礼の返事として)
いえいえ

Sure.

【シュア〜】

👑 英語が「スラスラわかるコツ」 👑

　お礼の返事の定番と言えば、You're welcome. と思っている人が多いようです。でも実際に、**アメリカ人がもっともよく使っているお礼の返事は** Sure.。You're welcome. は少しかしこまった響きがあるため、カジュアルな Sure. が好んで使われています。日本語で「どういたしまして」と返事する人より、「いえいえ」や「いいの、いいの」などと言う人が多いのと同じ理屈です。

　ただ、You're welcome. の You're を取って、単に Welcome. と言えば、多少だけた響きになります。ほかに、That's OK. や No problem. などもよく使われます。一緒に覚えておきましょう。

👑 まだある!「すごい1行」 👑

どういたしまして
Anytime.

「いつでもどうぞ」というニュアンスです。

どういたしまして
It was nothing.

「大したことではないですよ」というニュアンスです。

お役に立てて嬉しいです
It was my pleasure.

pleasure は「喜び」という意味で、[プレジャ〜]と発音します。

いえいえ
You bet.

Sure. よりもさらにくだけた口語表現です。

こちらこそ、ありがとう
Thank YOU.

[せぁンク・ユー]と you を強く言うことで、「こちらこそ、あなたに感謝しています」となります。

3人寄れば文殊の知恵

Two heads are better than one.

【トゥーヘッズ・ア～ベタ～・ザンワン】

👑 英語が「スラスラわかるコツ」 👑

　英語にも日本語と同様に「ことわざ」があります。中には同じ発想のものがあったり、意外な共通点があったりと、比べてみるとなかなかおもしろいもの。

　たとえば、「3人寄れば文殊の知恵」は、英語で Two heads are better than one. と言います。直訳すると**「2人の頭は1人の頭に勝る」**。日本語では「3人」、英語では「2人」ですが、発想は似ています。

　ほかにも、用いる言葉は違うものの、日本語のことわざと同じ発想のものが英語にもあります。

　代表的なものを右ページで紹介します。確認してみましょう。

👑 まだある!「すごい1行」 👑

鬼の居ぬ間の洗濯
When the cat's away, the mice will play.

「ネコのいない間にネズミが遊ぶ」が直訳。英語では「ネコとネズミ」で表します。

人は見かけによらぬもの
You can't tell a book by its cover.

「表紙だけでは本の中身はわからない」という意味です。

弘法も筆の誤り
Even Homers sometimes nods.

「(古代ギリシャの詩人)ホメロスでさえ、時には不注意な誤りをする」が直訳。nod は「不注意な誤りをする」「しくじる」という意味です。日本語では「弘法」、英語では「ホメロス」、どちらも歴史上の人物ですね。

覆水盆に返らず
There's no use crying over spilt milk.

「こぼれたミルクのことを嘆いても始まらない」が直訳。There's no use 〜ing. は「〜してもムダ」という意味です(There's の代わりに It's を用いることもある)。日本語は「やってしまったことは取り返しがつかない」という意味ですが、英語では「嘆いてもムダだよ」と前向きなニュアンスになっています。

足もとに気をつけて

Watch your step.

【ウォッチ・ヨアステップ】

👑 英語が「スラスラわかるコツ」👑

　英語の watch は、「見る」や「腕時計」という意味でおなじみですが、「〜に気をつける」「〜に注意する」という意味もあります。ですから、Watch your step. と言えば、「足もとに気をつけて」となります。標識にこう書かれていたら「足もと注意」という意味。また、「頭上注意」なら、Watch your head. となるわけですね。

　では、Watch your mouth. はどういう意味でしょう？　mouth は「口」のこと。つまり、「口のききかたに気をつけなさい」となるのです。では、Watch your weight. は？　weight は「体重」のことなので、「太らないように気をつけて」という意味になります。

👑 まだある！「すごい1行」 👑

あぶない！
Watch out!

とっさに言うひと言です。out を強く言うのがポイント。Watch out! A car is coming.（あぶない！車が来るよ）のように使います。

気をつけて帰ってね
Be careful going home.

Be careful. は「気をつけてね」という意味。

安全運転してね
Drive safely.

車で出かける人、帰る人に言うひと言です。

後ろに気をつけて
Behind you.

直訳すると「あなたの後ろに」ですが、「後ろに何かがあるから、あるいは、だれかが来るから気をつけて」という意味になります。そうそう、留学していた頃のこと。私がこわごわとスキーをしていると、後方から猛スピードで滑ってきたベテランスキーヤーに、Behind you. と言われて抜かされたことがありました。こんなふうに使ったりします。

お目にかかれるのを楽しみにしております

I'm looking forward to meeting you.

【アイム・ルッキング フォ〜ワ〜トゥ・ミーティング・ユー】

👑 英語が「スラスラわかるコツ」 👑

I'm looking forward to 〜. は、「〜を楽しみにしています」という意味の定番表現です。〜には、名詞か動詞のing形がきます。たとえば、「お目にかかれるのを楽しみにしております」なら、〜に meeting you（あなたに会えること）を入れて、I'm looking forward to meeting you. とします。「いつかお目にかかれるのを〜」といったニュアンスなら、someday（いつか）を文末に加えます。

食事に誘われたりして「(それを)楽しみにしています」と言う場合は、I'm looking forward to it. と言います。いろいろなシーンで応用が効く便利な表現なのです。

👑 まだある!「すごい1行」 👑

楽しくお仕事をご一緒させていただきました
I enjoyed working with you.

「一緒にお仕事できて楽しかったです」といった意味です。enjoyed の前に really(とても、本当に)を入れると、楽しかったことをより強調できます。

ご尽力いただき、ありがとうございました
Thank you very much for every effort you made.

effort は「(目的を達成するための)努力」という意味。every effort で「あらゆる努力→尽力」となります。

またお仕事をご一緒できたら幸いです
I would be grateful if I could work with you again.

I would be grateful if I could 〜 は「〜できたらありがたく存じます、幸いでございます」といった、フォーマルな表現です。

お返事、お待ちしております
I'm looking forward to hearing from you.

相手からの返事や連絡を待つときの決まり文句です。「ご連絡お待ちしています」というときにも使えます。hear from 〜 は「〜から連絡がある」という意味の熟語。

ご主人は
いらっしゃるの?

Is your husband home?

【イズヨア・ハズバンド・ホゥム】

👑 英語が「スラスラわかるコツ」 👑

　友だちの家へ遊びに行った際、「ご主人は(家に)いらっしゃるの?」と尋ねることがあります。これを英語で、Is your husband home? と言います。homeは名詞だと「家」ですが、「be動詞＋home」の形だと「家にいる」という意味になります。

　これを応用した表現に、I'm home. や Is anybody home? があります。帰宅して玄関の戸を開けたときに I'm home. と言うと「ただいま」というニュアンスになります。Is anybody home? は「だれかいる?」という意味で、帰宅して家族に声をかけるときの決まった表現です。また、人の家を訪問したときに「どなたかいらっしゃいますか?」という意味で使うこともできます。

👑 まだある！「すごい1行」 👑

彼、札幌に単身赴任してるの
He got a transfer and is working in Sapporo now.

「転勤して今、札幌で働いています」が直訳です。英語には「単身赴任」を表す単語がないため、説明的に英訳することになります。「札幌」を転勤先の地名に入れ替えて言いましょう。

うちは共働きなんだ
We both work.

子どもが自分の両親のことを言う場合は、My parents both work. となります。

専業主婦がいいな
I want to be a housewife.

「専業主夫」の場合は househusband と言いましょう。

午前中はパートに出てるんです
I work in the morning.

「午前中働く」と言えば、「午前中パートに出ている」ことになります。単に「パートをしています」なら、I work part-time. と言います。

4人家族です

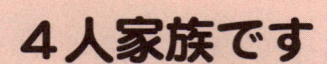

We're a family of four.

【ウィア〜・ア・ファミリー・オヴフォ〜】

👑 英語が「スラスラわかるコツ」👑

　家族の人数を英語で言う場合、My family is four people.（×）と言う日本人が意外に多いようです。これは「家族は4人です」という日本語を英語に直訳しただけで、正しい英語ではありません。正しくは、We're a family of four.。There're four people in my family. でもOKですが、アメリカでは前者がよく使われます。

　日本では親しくなった人に「ご家族は何人ですか？」と聞くことがよくありますが、**アメリカではこのような質問をすることはあまりありません。**家族の人数より、Do you have any brothers or sisters?（兄弟・姉妹はいますか）と、兄弟・姉妹について尋ねるのが一般的です。

👑 まだある!「すごい1行」 👑

一人っ子です
I'm an only child.

「一人っ子」は an only child と言います。

3人きょうだいです
I have two siblings.

sibling は「(男女を区別しない)兄弟・姉妹」のこと。[スィブリング]と発音します。

私は上から2番目なの
I'm the second oldest.

「長女」「長男」は the oldest。これに second を入れると「上から2番目」になります。「下から2番目」なら the second youngest。

僕は末っ子なんだ
I'm the baby in my family.

「末っ子」のことを the baby と言うことがあります。

親父はもう亡くなっているんだ
My father already passed away.

pass away は「亡くなる」「他界する」という意味。die の婉曲な言い方です。

左利きなの

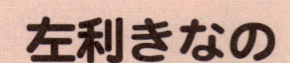

I'm left-handed.

【アイム・レフトハンディッド】

👑 英語が「スラスラわかるコツ」 👑

「左利き」を英語で、left-handed と言います。「右利き」は、right-handed になります。それぞれ、hand（手）に -ed をつけた表現です。

くだけた口語では、**「左利き」**を I'm lefty.［レフティ］、**「右利き」**を I'm righty.［ウライティ］と言うこともあります。

ちなみに、「左投手」は left-handed pitcher、「左打者」なら left-handed batter となります。日本でよく使われる southpaw（サウスポー）は、英語でも、左利きのスポーツ選手について使うことが多く、とくに「左投手」や「左利きのボクサー」を指すのが一般的です。

👑 まだある!「すごい1行」👑

彼女は私の右腕だ
She's my right hand.

日本語では「腕」、英語では「手」を使って表します。発想は同じですね。

彼は左うちわで暮らしているよ
He's living on easy street.

「左うちわで暮らす」は、英語では「ラクな道で暮らす」と表現します。

(意見を述べるときなど) 右回りで行こう
Let's go clockwise.

clockwise は「時計回り」「右回り」のこと。[クロックワイズ] と発音します。「反時計回り」「左回り」は counterclockwise と言い、[カウンタ〜クロックワイズ] と発音します。

わが社の業績は右肩上がりです
Our company's profits are increasing.

「業績」は profits(利益)、「右肩上がり」は increasing 「増えている」と表現します。profits は [プウロフィツ]、increasing は [インクウリーズィング] と発音します。

本文イラスト・福々ちえ
本文DTP・ワークショップ909
本書は、本文庫のために書き下ろされたものです。

石原真弓(いしはら・まゆみ)

一九七三年、愛知県生まれ。英語学習スタイリスト。高校卒業後、アメリカに留学。秘書業務、経営学を学んだ後、通訳に従事する。帰国後、英会話を教えるかたわら、執筆活動を開始。ベストセラーになった『英語で日記を書いてみる』(ベレ出版)で「初心者のための新しい英語勉強法」を提案、注目を集める。執筆のほか、テレビ、ラジオ出演、ポッドキャスターなど、多岐にわたって活躍。とくに、アメリカ口語英語の指導には定評がある。著書に、右記のほか、『新・英語日記ドリル』(アルク)、『あたりまえだけどなかなかできない英文法のルール』(明日香出版社)など、話題作が多い。

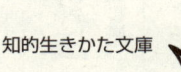

知的生きかた文庫

1行でできる英会話

著　者　石原真弓(いしはら・まゆみ)
発行者　押鐘冨士雄
発行所　株式会社三笠書房
　　　　郵便番号一〇二-〇〇七二
　　　　東京都千代田区飯田橋三-三-一
　　　　電話〇三-五二二六-五七三四(営業部)
　　　　　　〇三-五二二六-五七三一(編集部)
　　　　http://www.mikasashobo.co.jp

印刷　誠宏印刷
製本　若林製本工場

© Mayumi Ishihara, Printed in Japan
ISBN978-4-8379-7718-6 C0182

落丁・乱丁本は当社にてお取替えいたします。
定価・発行日はカバーに表示してあります。

知的生きがた文庫

すごい「英単語手帳」
安河内哲也

累計310万人の人生を変えた「安河内式英語上達法」!「英語力は単語力で決まる!」という考え方をもとに、"仕事に役立つ"単語を厳選!

日本人が「英語をモノにする」一番確実な勉強法
藤沢晃治

この勉強法に例外はない! 英語が「ある日突然分かる」ようになる法則、「耳の感度」を"ネイティブ並に高める"法など、この1冊で英語をモノにできる!

本は10冊同時に読め!
成毛眞

本は最後まで読む必要はない、仕事とは直接関係のない本を読め、読書メモはとるな──これまでの読書術の常識を覆す、画期的読書術! 人生が劇的に面白くなる!

インド式かんたん計算法
ニヤンタ・デシュパンデ[監修]／水野純[著]

たとえば、「72×78」を3秒で解く! 本書では「目からウロコの解法」をわかりやすく紹介。大人も子どもも、楽しみながら「算数脳」になれる一冊です。

たった3秒のパソコン術
中山真敬

「どうして君はそんなに仕事が速いの?」──その答えは本書にあった! これまでダラダラやっていた作業を「たった3秒ですませる法」をすべて紹介。

C50042